Tom Jackson

Elefanten

Atemberaubende Fotos und faszinierende Aspekte

NEUER
KAISER
VERLAG

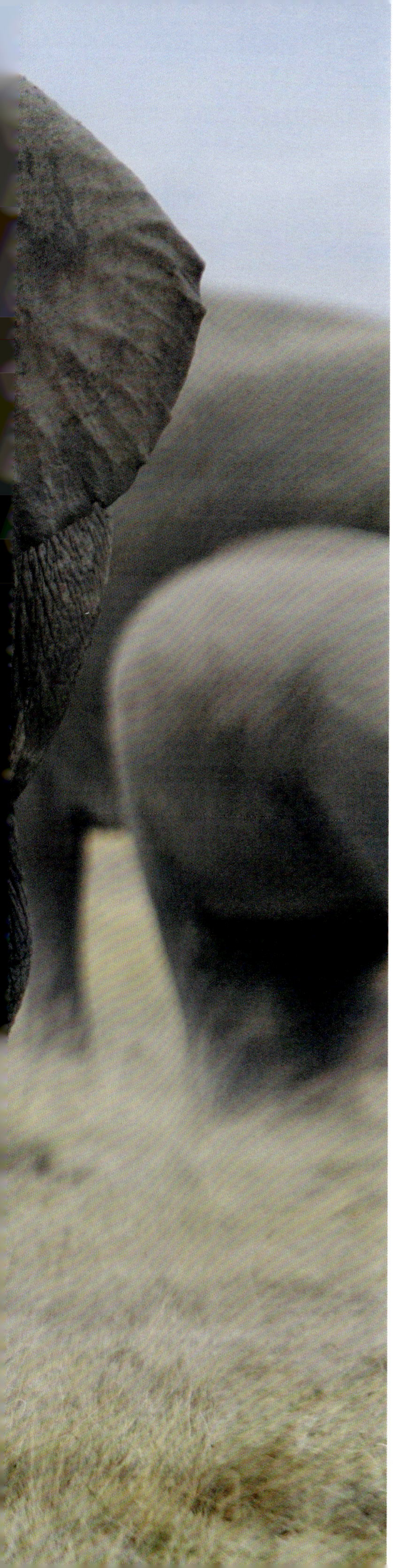

INHALT

EINLEITUNG

Von den neun Millionen Arten, die den Planeten Erde mit uns teilen, sind die Elefanten uns so nahe wie kein anderes Tier. Es sind die Bilder ihrer unglaublichen Größe, ihrer riesigen Ohren, der beeindruckenden Stoßzähne und des außergewöhnlichen Rüssels, die wir immer vor Augen haben. Aber es sind nicht nur diese Bilder, die ihnen einen besonderen Platz in unseren Herzen bescheren.

Jeder, der einem Elefanten einmal gegenübergestanden hat, wird über das unglaubliche Tier gestaunt haben und sich gefragt haben, was es so einzigartig macht. Bei näherer Betrachtung stellen wir fest, dass Elefanten keine stumpfsinnigen Grasfresser sind, sondern ganz im Gegenteil intelligente Tiere, die ein Familienleben führen. Wir erkennen bei den Elefanten vieles aus unserem eigenen gesellschaftlichen Leben – und wir können auch Hinweise für eine bessere Lebensweise finden. Die Natur hat die Elefanten so geschaffen, dass sie mit dem auskommen, was das tägliche Leben zu bieten hat: die dürftige Ernährung

mit Gras und Blättern, die tägliche Suche nach Wasser und der ständige Kampf gegen Parasiten und Raubtiere. Auch sind sie der Gefahr von Trophäenjägern und Wilderern ausgesetzt. Und gerade wegen uns Menschen bleibt die Zukunft dieser edlen Riesen eine ungewisse.

DIE ELEFANTENFAMILIE

Elefanten verbringen ihr Leben hauptsächlich im Kreis ihrer Familie. Was für uns auf den ersten Blick lediglich wie eine Herde von Elefanten aussieht – ähnlich einer losen Ansammlung von Tieren, wie wir sie bei Hirschen, Antilopen oder Rindern sehen können –, ist eine komplette Familieneinheit, die von starken Bindungen zusammengehalten wird.

Eine Elefantenfamilie besteht aus ungefähr 25 Mitgliedern. Die erwachsenen Mitglieder – meist 12 Jahre oder älter – sind weiblich. Diese Verbände von Elefantenkühen werden durch das älteste Weibchen angeführt – eine Matriarchin, die in den meisten Fällen ihre Mutter, Tante oder in einigen Fällen eine ältere Schwester, eine Cousine oder sogar deren Großmutter ist. Die erwachsenen Männchen bzw. Bullen leben getrennt von ihnen. Entweder sind sie alleine oder in einer kleinen Gruppe. Die Matriarchin

verstößt die männlichen Elefanten kurz vor deren Geschlechtsreife aus dem Familienverband. Bei einer natürlichen Lebenserwartung von 70 und mehr Jahren hat eine Matriarchin Jahrzehnte Zeit, um in ihre Rolle hineinzuwachsen. Sie weiß, wann sie in Bewegung bleiben muss, wann sie sich behaupten muss und wo sie in schwierigen Zeiten Nahrung und Wasser finden kann. Wenn sie stirbt, übernimmt das älteste Weibchen der Familie ihren Platz.

Die Matriarchin ist das erste Ziel der Wilderer bei der Elfenbeinjagd – die anderen Elefanten werden nicht ohne sie gehen, was das Töten erleichtert. Wenn die Anführerin jung getötet wird und es keine offensichtliche Nachfolgerin gibt, die die Dominanz und das Wissen besitzt, diese Rolle zu übernehmen, zerbricht der Familienverband. Dann dauert es Jahre, bis diese Wunden verheilt sind.

GEGENÜBERLIEGENDE SEITE

FAMILIENLEBEN

Die Matriarchin und andere weibliche erwachsene Elefanten kümmern sich um die jüngeren Tiere in der Herde, bis diese ungefähr neun Jahre alt sind. In diesem Alter sind sie ausgewachsen. Die männlichen Elefanten verlassen dann ihr Zuhause, während die weiblichen Tiere beginnen, die Arbeit der Erwachsenen zu übernehmen.

ERWEITERTE FAMILIE

Elefanten in der Wildnis, wie diese Afrikanischen Elefanten, zeigen das Verhalten der Alloparentierung, bei der ein jüngeres Familienmitglied, im Allgemeinen ein enger Verwandter, anstelle des wahren Elternteils die Elternrolle für ein Baby übernimmt. Bei Elefanten lernt eine Pflegemutter auf diese Weise, wie sie zu gegebener Zeit für ihre eigenen Jungen sorgen kann.

ASIATISCHE ELEFANTENART

Die Asiatischen Elefanten weisen einige offensichtliche Unterschiede zu den Afrikanischen Elefanten auf. Am auffallendsten sind die kleineren Ohren, doch sie haben auch niedrigere Schultern mit einem deutlich nach oben gekrümmten Rücken.

KLEBRIGE SEKRETE

Dieses Elefantenweibchen scheidet ein dickflüssiges Sekret aus den Drüsen an der Schläfe aus. Es tut dies, wenn es aufgeregt ist, beispielsweise wenn ein Elefantenbaby in der Gruppe geboren wird oder während der Paarungszeit. Männliche Elefanten produzieren während der Paarungszeit, die auch Musth genannt wird, ein stechend riechendes Sekret als Signal dafür, dass sie nach einer Partnerin suchen.

GROSSE UMARMUNGEN

Elefanten sind äußerst tastsinnorientiert gegenüber anderen Familienmitgliedern. Die dicke Haut des Elefanten ist mit Nervenenden beladen und deshalb hochempfindsam gegenüber allen Arten von Körperkontakt.

MUTTER WEISS ES AM BESTEN

Die Familie macht alles gemeinsam, sie isst gemeinsam und bewegt sich gemeinsam. Die Matriarchin entscheidet, wann und wohin sie gehen sollen. Sie weist immer den Weg. Aufgrund ihres ehrwürdigen Alters hat sie die meisten Szenarien bereits durchlebt: Dürre, Buschbrände, Überschwemmungen und Angriffe von Löwen, Leoparden und Hyänen. Sie weiß daher, was zu tun ist – und was nicht. Es steckt viel Wahrheit in dem Sprichwort „Elefanten vergessen nie".

LEBENSLANGE PFLEGE

Ein weiblicher Elefant ist im Alter von etwa 12 Jahren ausgewachsen und geschlechtsreif. Ab diesem Alter kann die Elefantendame alle drei oder vier Jahre ein Kind zur Welt bringen. Die meisten gebären allerdings nur vier Kälber in ihrem Leben. Sie können theoretisch in jedem Alter schwanger werden, doch Geburten nach dem 50. Lebensjahr sind eher selten.

ANGETIPPT

Jedes Familienmitglied nimmt sich Zeit, um mit den anderen Mitgliedern der Familie freundschaftlich verbunden zu bleiben. Wenn alles in Ordnung ist, tippen sich die Familienmitglieder mit ihren Rüsseln an, was soviel wie „Hallo" bedeutet.

ENG VERBUNDEN

In den ersten Jahren werden die Elefantenkinder an die kurze Leine – bzw. den kurzen Rüssel – genommen. Es wird ihnen selten erlaubt, sich weiter als eine Rüssellänge von der Mutter oder einer weiblichen Erwachsenen zu entfernen.

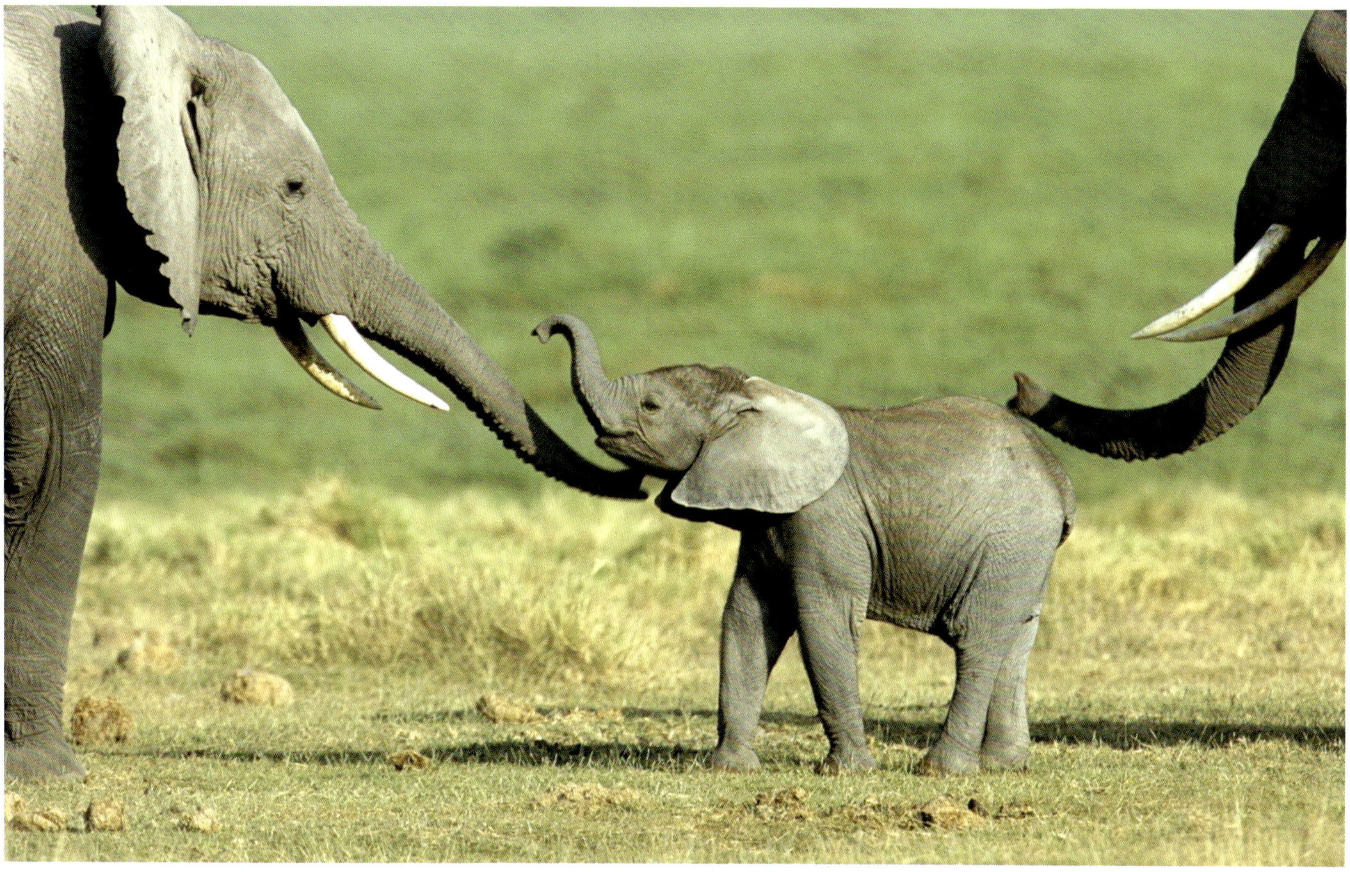

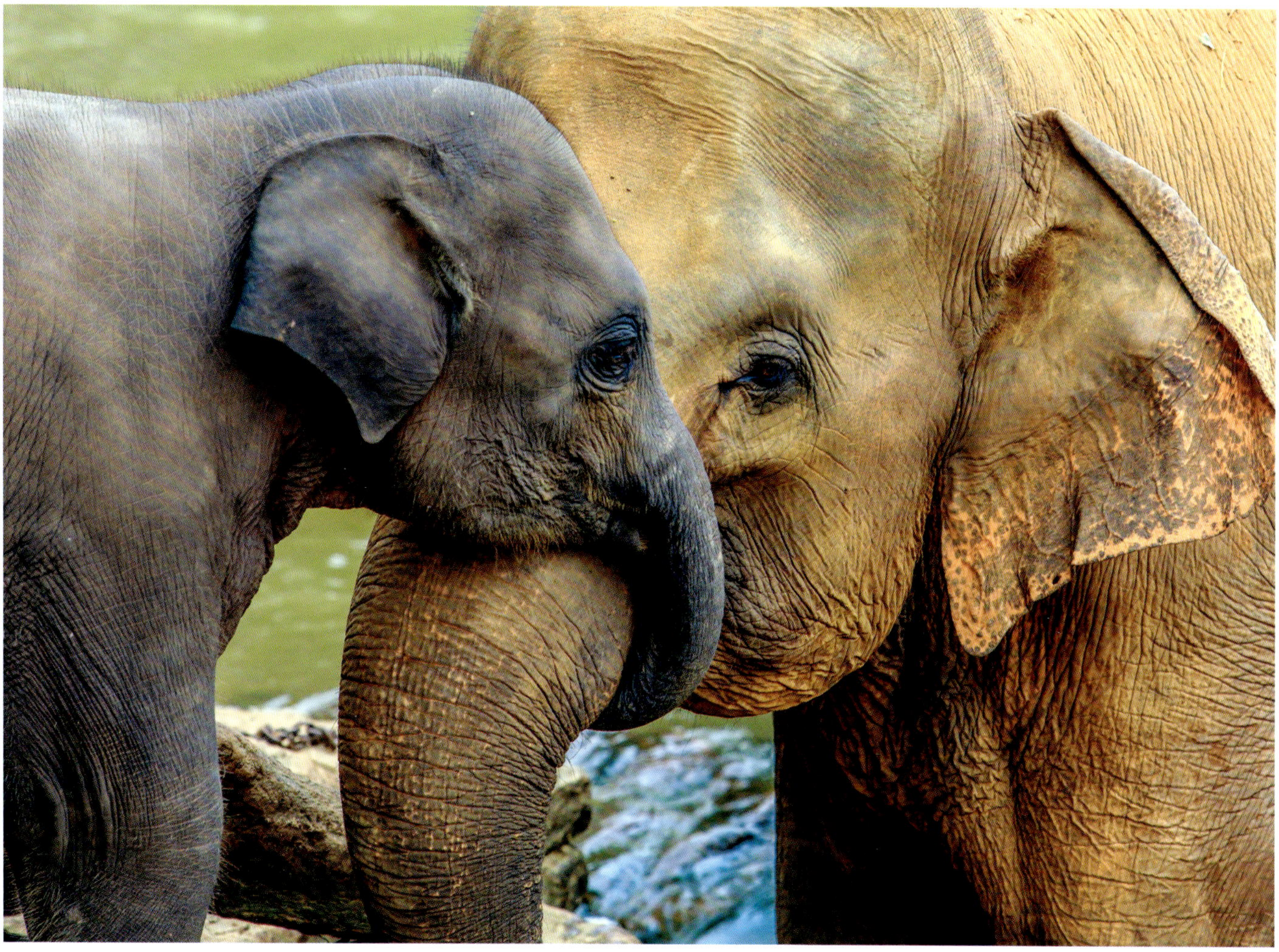

AFRIKANISCHE ELEFANTEN

Der Afrikanische Elefant hat sich vor mehr als zwei Millionen Jahren von den Vorfahren des Asiatischen Elefanten auseinanderentwickelt. Er besitzt einen ausgeprägten Kamm an den Schulterblättern, an dem die Muskeln, die den massiven Kopf halten, verankert sind. Dieser Kamm ist bei den asiatischen Arten, die eher einen gewölbten Rücken haben, nicht zu sehen.

WASSERZUFUHR

Eine Elefantenfamilie muss sich regelmäßig mit Wasser versorgen und entfernt sich deshalb nicht weiter als einen Tagesmarsch von einem Wasserloch. Anstatt den Kopf zum Trinken herabzusenken, nehmen Elefanten das Wasser mit ihren Rüsseln auf und spritzen es dann in ihre Mäuler. Es ist ein weit verbreiteter Irrglaube, dass Elefanten durch ihren Rüssel trinken.

LERNEN FÜRS LEBEN

Afrikanische Elefanten erreichen mit 12 Jahren das Erwachsenenalter, wohingegen die asiatische Art erst mit 14 die Geschlechtsreife erlangt. In den Jahren der Entwicklung wächst nicht nur der Körper, sondern auch die Erfahrung: Die Jungen lernen von ihren Müttern, wie man Nahrung und Wasser findet und wie man mit anderen Elefanten umgeht.

GROSSE OHREN

Neben der offensichtlichen Rolle des Hörens haben die Ohren der Elefanten drei weitere Funktionen: die überschüssige Wärme der großen Tiere abzustrahlen, Fliegen, die um die Köpfe schwirren, zu vertreiben und Signale an andere Elefanten und Lebewesen in der Umgebung zu senden.

DIE KLEINSTEN

Der Waldelefant von Borneo ist
eine zwergwüchsige Unterart des
Asiatischen Elefanten. Mitglieder
dieser isoliert lebenden Elefantenpopulation sind nur unwesentlich
kleiner als die Elefanten auf dem
asiatischen Festland, haben im
Verhältnis zur Körpergröße aber
große Ohren und lange Schwänze.

ARBEIT MACHT DURSTIG

Elefanten fressen große Mengen
an trockenem Futter, das in ihrem
riesigen Magen aufgespalten wird,
um die wenigen enthaltenen Nährstoffe zu extrahieren. Elefanten
müssen regelmäßig trinken, um
den Fluss des Magensaftes aufrechtzuerhalten und nebenbei
ihr Verdauungssystem gründlich
zu schmieren.

ZUSAMMENHALT

Eine Gruppe Afrikanischer Elefanten geht zu einer Wasserstelle.
Die Mitglieder der Elefanten-
gruppe haben ihre Ohren weit
gespreizt, vielleicht um einen
Schwarm Insekten abzuwehren
oder als Warnsignal an andere
Tiere, Abstand zu halten. Die
Botschaft ist klar: Man sollte
sich nicht mit Tieren mit so
großen Ohren anlegen.

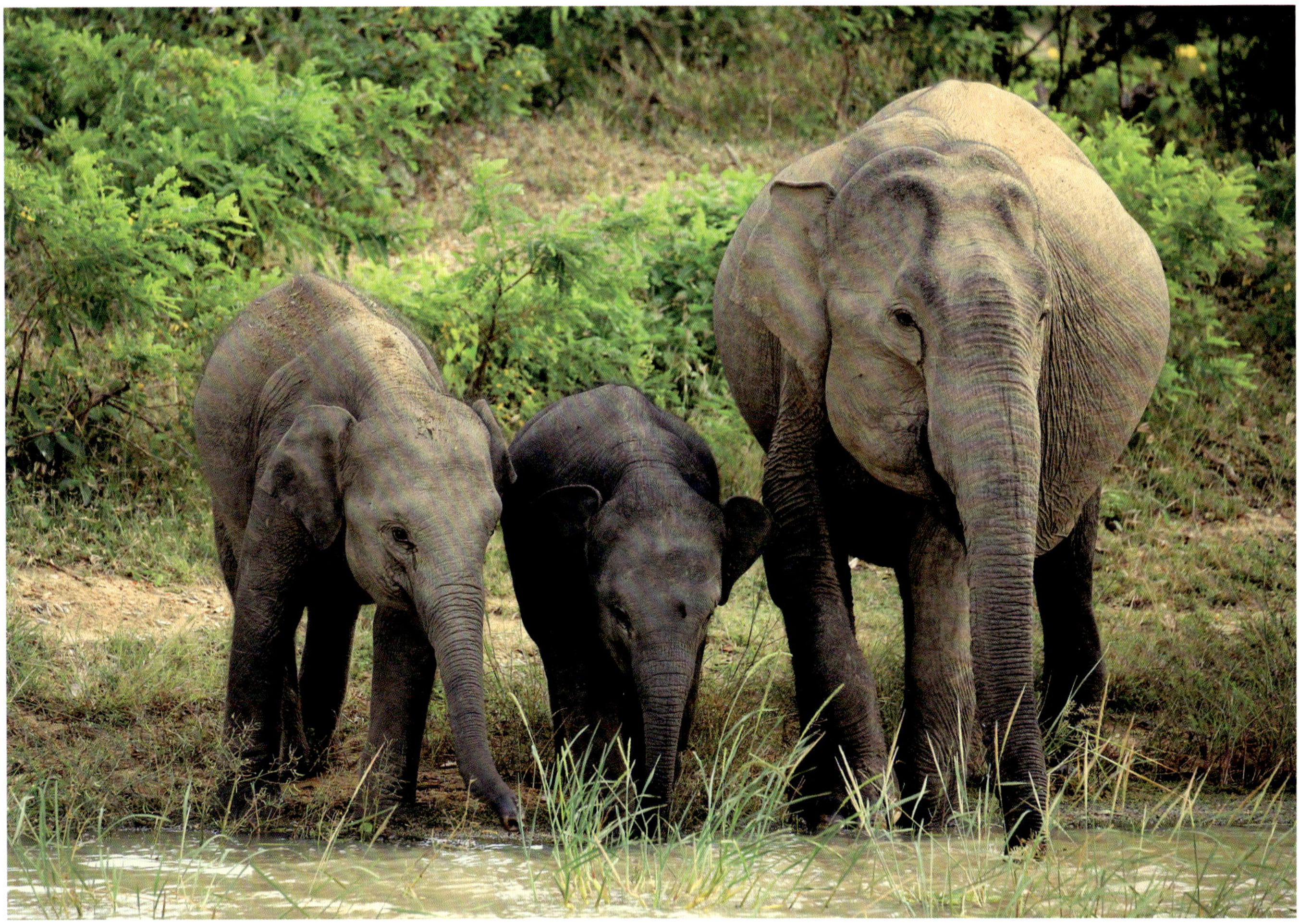

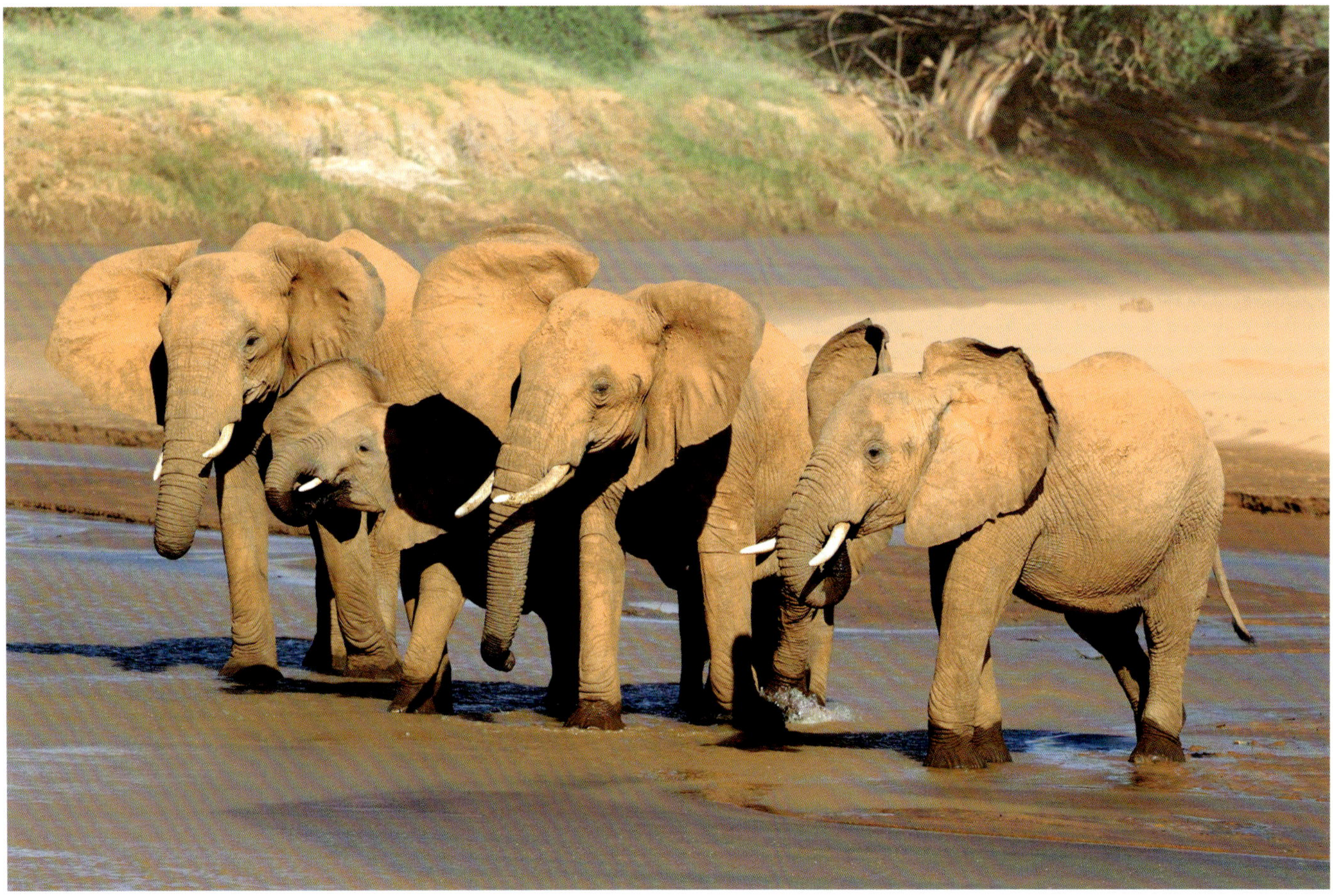

GEGENÜBERLIEGENDE SEITE

UNTERARTEN

Der Asiatische Elefant ist in vier Hauptpopulationen unterteilt. Die Festlandgruppen werden oft als Indische Elefanten bezeichnet, obwohl sie auch in den Himalaya-Ländern und in ganz Südostasien leben. Sri Lanka ist die Heimat einer großen Population; zwei kleinere Populationen leben auch auf Sumatra und in den Wäldern von Borneo – hauptsächlich im malaysischen Sektor.

OBEN

WILDE INSELBEWOHNER

Die meisten Asiatischen Elefanten leben in Gefangenschaft. Diese Borneo-Elefanten sind hingegen eine der bedeutendsten Wildpopulationen. Die Überlieferung besagt, dass die kleinwüchsigen Elefanten im 17. Jahrhundert als Herde importiert wurden. DNA-Untersuchungen belegen aber, dass die Elefanten seit mehr als 300 000 Jahren auf der Insel leben.

OBEN

KALTE DUSCHE

Eine Mutter sprüht Wasser aus ihrem biegsamen Rüssel auf ihr Kalb und sich selbst. Ziel ist vor allem die Abkühlung – und nebenbei die Reinigung. Ein großer Körper wie der von Elefanten kühlt nur langsam herunter, weshalb so eine kurze Dusche eine wohltuende Erleichterung ist.

GEGENÜBERLIEGENDE SEITE OBEN

GEMEINSAM BADEN

Wasserstellen sind Engpässe und ein idealer Ort für Raubtiere, um Beutetiere zu finden, die es nicht vermeiden können, solche Stellen aufzusuchen. Elefanten sind dabei zwar sicherer als die meisten, doch zum Schutz der Kälber nimmt lieber gleich die ganze Familie ein Bad.

GEGENÜBERLIEGENDE SEITE UNTEN

SCHLAMMWASSER

Elefanten machen sich über die Wasserqualität keine Gedanken. In der Tat mögen sie ein Gemisch aus Schlamm und Schlick, was für ihre überraschend empfindliche Haut sogar gesund ist.

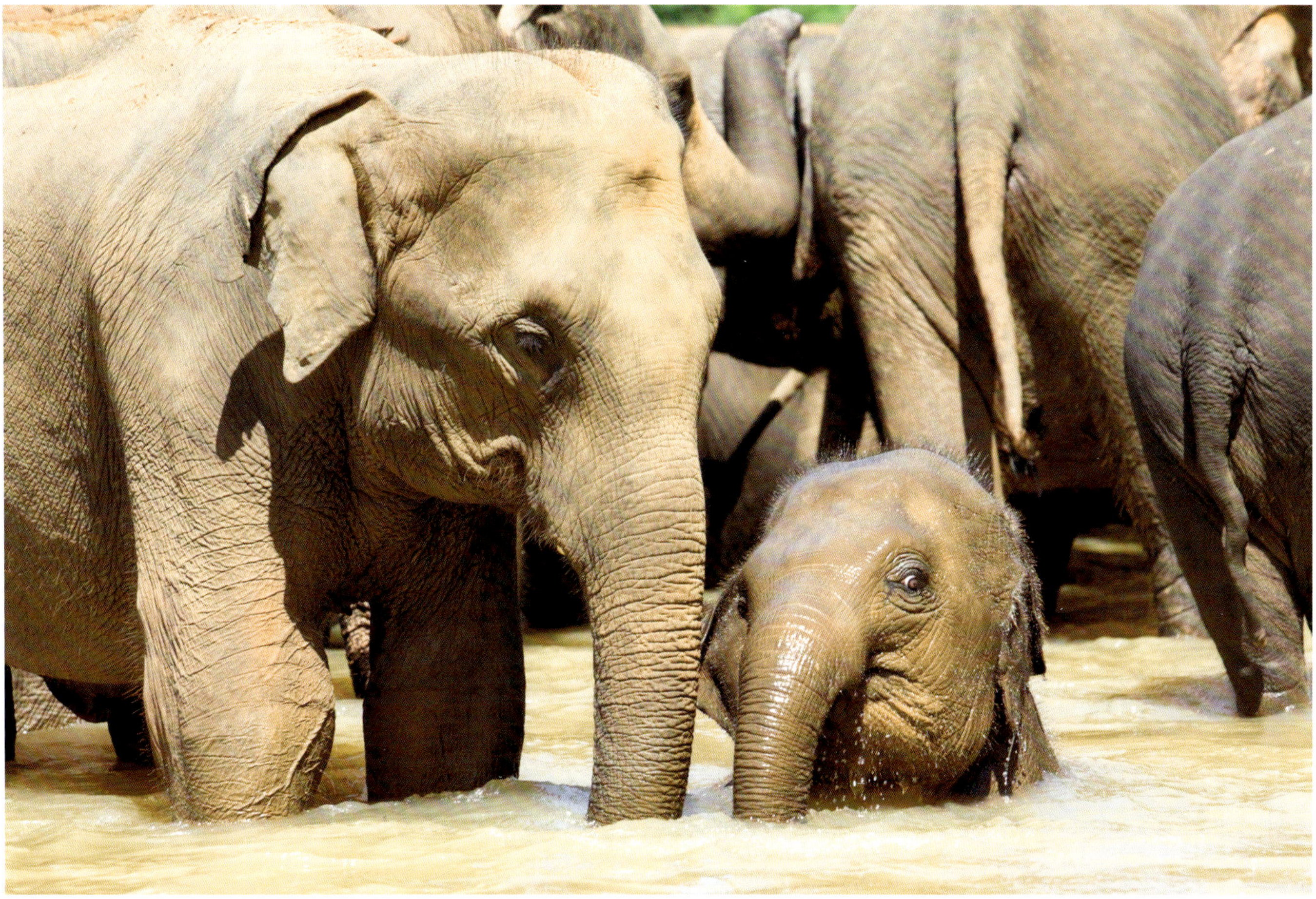

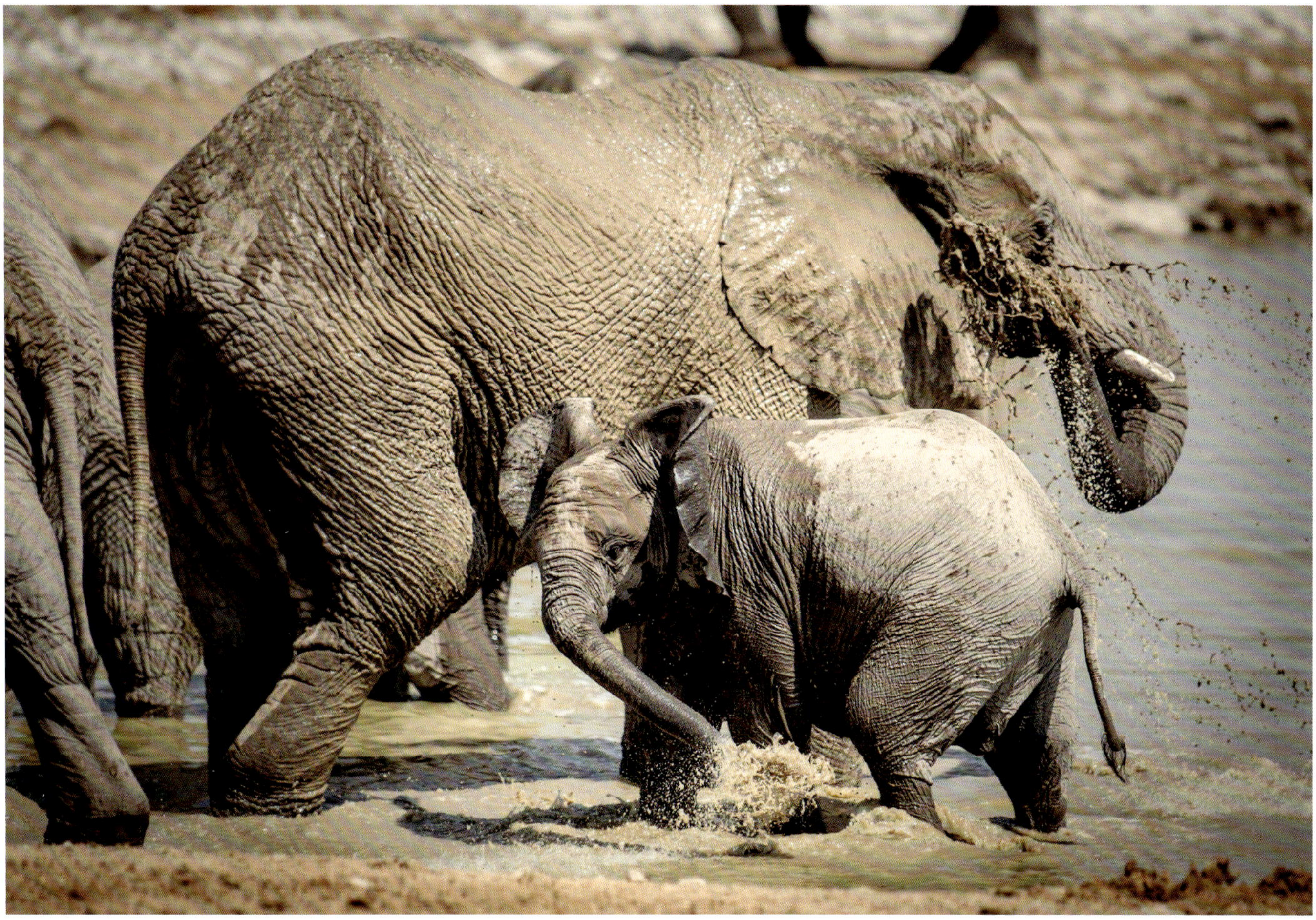

EINGEROLLT

Die Asiatischen Elefanten haben im Verhältnis zu ihrer Körpergröße einen längeren Rüssel als ihre afrikanischen Artgenossen. Ihr Rüssel ist so lang, dass er auf dem Boden schleifen würde, wenn es keine Möglichkeit gäbe, ihn einzurollen.

GEGENÜBERLIEGENDE SEITE

VOR GEFAHREN GESCHÜTZT

Ein nur wenige Tage altes Kalb wird von seinen Eltern beschützt. Sie halten es verborgen, indem sie das Kleine mit ihren Rüsseln und Beinen umschlingen.

OBEN

SPIELZEIT

Die jüngeren Familienmitglieder verbringen sehr viel Zeit mit Spielen. Die Spiele sind stets ein wildes Durcheinander mit Rangeleien und Rüsselverwicklungen. Die Jungen lernen so, wie sie durch Tasten und visuelle Signale untereinander Bindungen eingehen können. Schließlich werden ihnen hierdurch auch die Grenzen akzeptablen Verhaltens aufgezeigt.

UNTEN

SCHUTZ

Obwohl sie später einmal zum größten Landtier der Erde werden, sind Elefantenkälber eine leichte Beute für Raubtiere. Die Elefantenmutter geht daher kein Risiko ein und ist auf alles gefasst, sogar auf einen hinterhältigen Angriff eines Leoparden, der von einem Baum herabspringt.

KERNFAMILIE

Ein weiblicher Elefant bringt selten mehr als ein Kalb auf einmal auf die Welt. Zwillinge wären schwer zu erziehen. Dennoch wäre es nicht ungewöhnlich, wenn eine Elefantenkuh zwei Kinder gleichzeitig großzieht. Wenn ein drittes Kalb geboren wird, ist das älteste bereits mehr oder weniger unabhängig geworden.

POLONAISE

Elefantenfamilien bewegen sich oft im Gänsemarsch. Die jüngeren Familienmitglieder halten dabei den Schwanz des vorderen Elefanten mit ihrem Rüssel fest. Dies dient dazu, dass die Kleinen mitgezogen werden und die Elefantenkolonne nah beieinander bleibt.

KLEINE GRUPPEN

In trockeneren Lebensräumen, wie dem afrikanischen Grasland, teilen sich Familien häufig in kleinere Gruppen von Müttern und Kälbern auf, die nach Nahrung suchen. In einer grüneren Umgebung, wie etwa dem Tropenwald, bleibt die Großfamilie zusammen und kann sich sogar manchmal mit nicht verwandten Gruppen zusammenschließen.

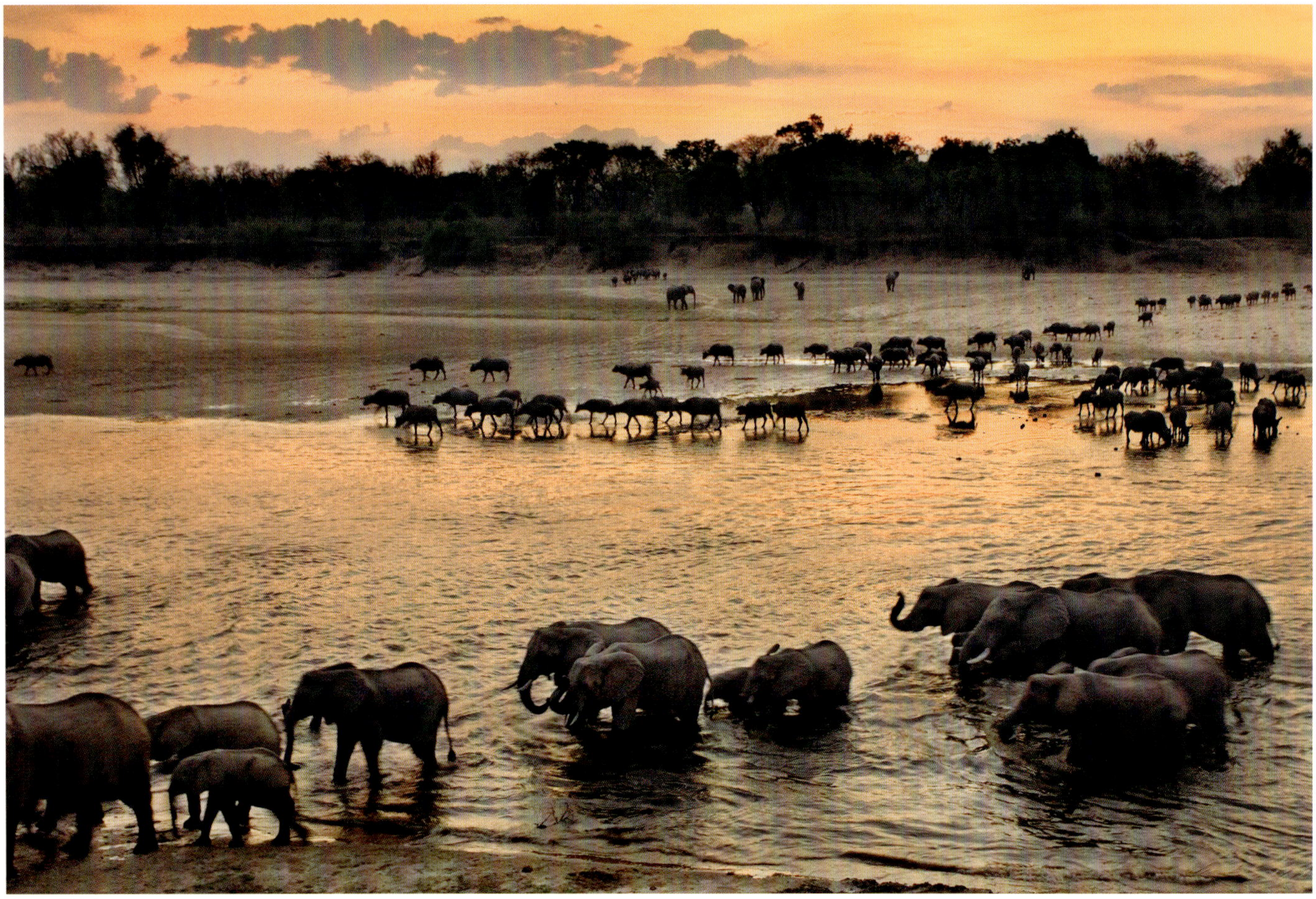

OBEN

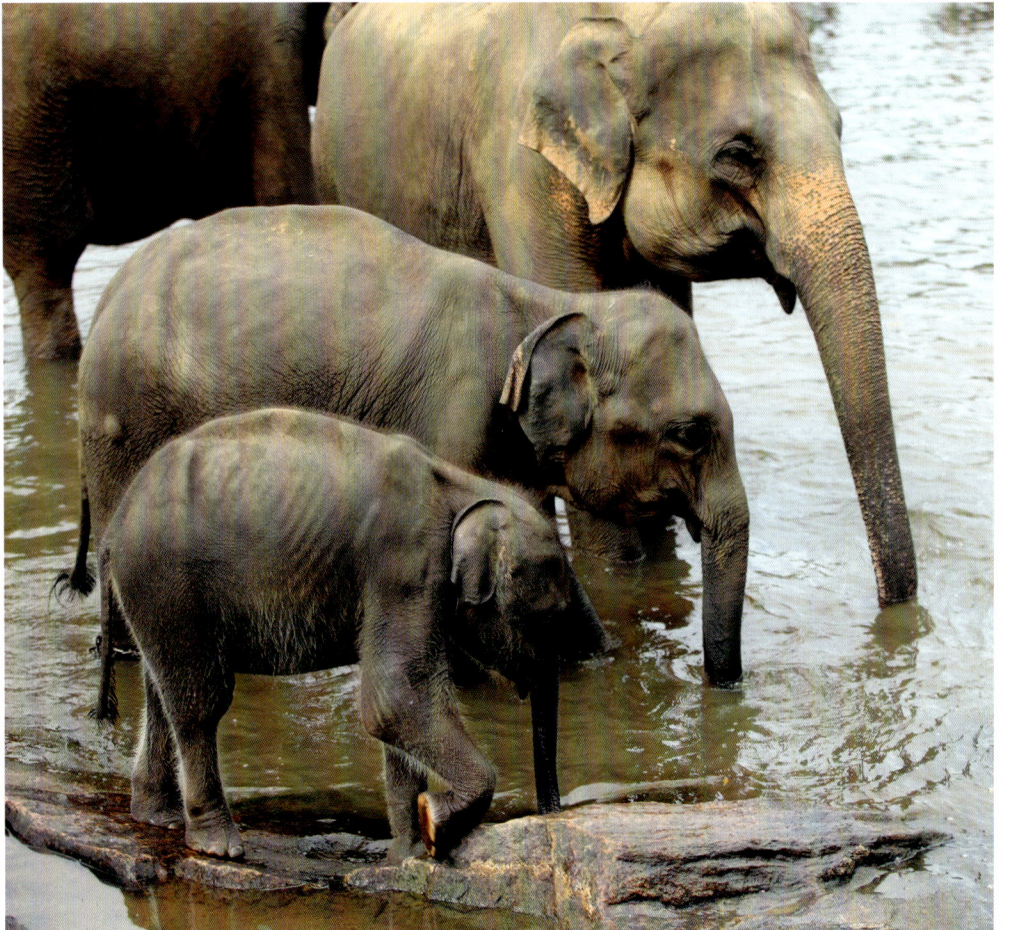

AKTIV BEI NACHT

Ein Elefant ist vor allem damit beschäftigt, nach Nahrung zu suchen, sie aufzufressen und anschließend nach mehr zu suchen. Er verbringt damit 16 Stunden am Tag und ist häufig bis spät in die Nacht aktiv.

UNTEN

WASSERAUFNAHME

Ein ausgewachsener Elefant trinkt bis zu 170 Liter Wasser am Tag. Diese enorme Menge entspricht mehr als dem gesamten Volumen einer Badewanne.

GEFAHRENSUCHE

In der offenen Savanne zu leben bedeutet, dass sich Raubtiere zwar aus jeder Richtung nähern können, aber Schwierigkeiten haben, unentdeckt zu bleiben.

Die Elefantenmutter hat potentielle Gefahren immer im Blick und kann, was noch wichtiger ist, Bedrohungen hören bzw. riechen.

DIE ÄLTESTEN GEHEN VORAN

Diese Elefantenfamilie hat sich zu einer defensiven Formation zusammengeschlossen. Die Kleinsten und Verletzlichsten von ihnen verstecken sich sicher zwischen den alten und starken Mitgliedern. Die Ältesten und Stärksten der Familie gehen voran, um die Gefahren im Blick zu haben.

WACHSEN DER STOSSZÄHNE

Die Stoßzähne wachsen von Geburt an aus dem Ober-
kiefer des Elefanten. Dieser Afrikanischen Elefantendame haben Parkranger ihre Stoßzähne abgesägt,
um zu verhindern, dass sie und ihre Familie von
Wilderern angegriffen werden. Nichtsdestotrotz
wachsen die Stoßzähne langsam nach.

VON MUND ZU MUND

Ein hungriges Kalb greift in das Maul seiner Mutter
und nascht ein bisschen gut vorgekautes Essen. Auf
diese Art und Weise nehmen die Kälber feste Nahrung zu sich, bis sie ungefähr vier Jahre alt sind.

SCHATTEN SUCHEN

In der Hitze der Mittagssonne kühlen sich diese Afrikanischen Elefanten im Schatten ab. Größere Tiere geben aufgrund ihres großen Masse-Volumen-Verhältnisses langsamer Wärme ab als kleinere. Ohne Maßnahmen zur Abkühlung würden Afrikanische Elefanten unter gefährlicher Überhitzung leiden.

OBEN

GEFAHR LIEGT IN DER LUFT

Es mag den Anschein haben, dass diese Familie Afrikanischer Elefanten dem Fotografen freundlich zuwinkt. Aber ganz im Gegenteil schnüffeln sie mit ihren Rüsseln nervös umher und suchen nach Anzeichen einer möglichen Gefahr.

GEGENÜBERLIEGENDE SEITE OBEN

WASSERTRÄGER

Elefanten bewegen sich selten weiter als 25 km von einer Wasserquelle weg. Dies entspricht ungefähr der Strecke, die eine Elefantenfamilie an einem Tag zurücklegen kann.

GEGENÜBERLIEGENDE SEITE UNTEN

DEM DONNER ENTGEGEN

Elefanten können das tiefe Grollen des Donners aus einer Entfernung von 280 km hören. Sie bewegen sich in Richtung des Geräusches – und der Vibrationen, die den Boden durchlaufen –, in der Hoffnung, frisches Wasser zu finden.

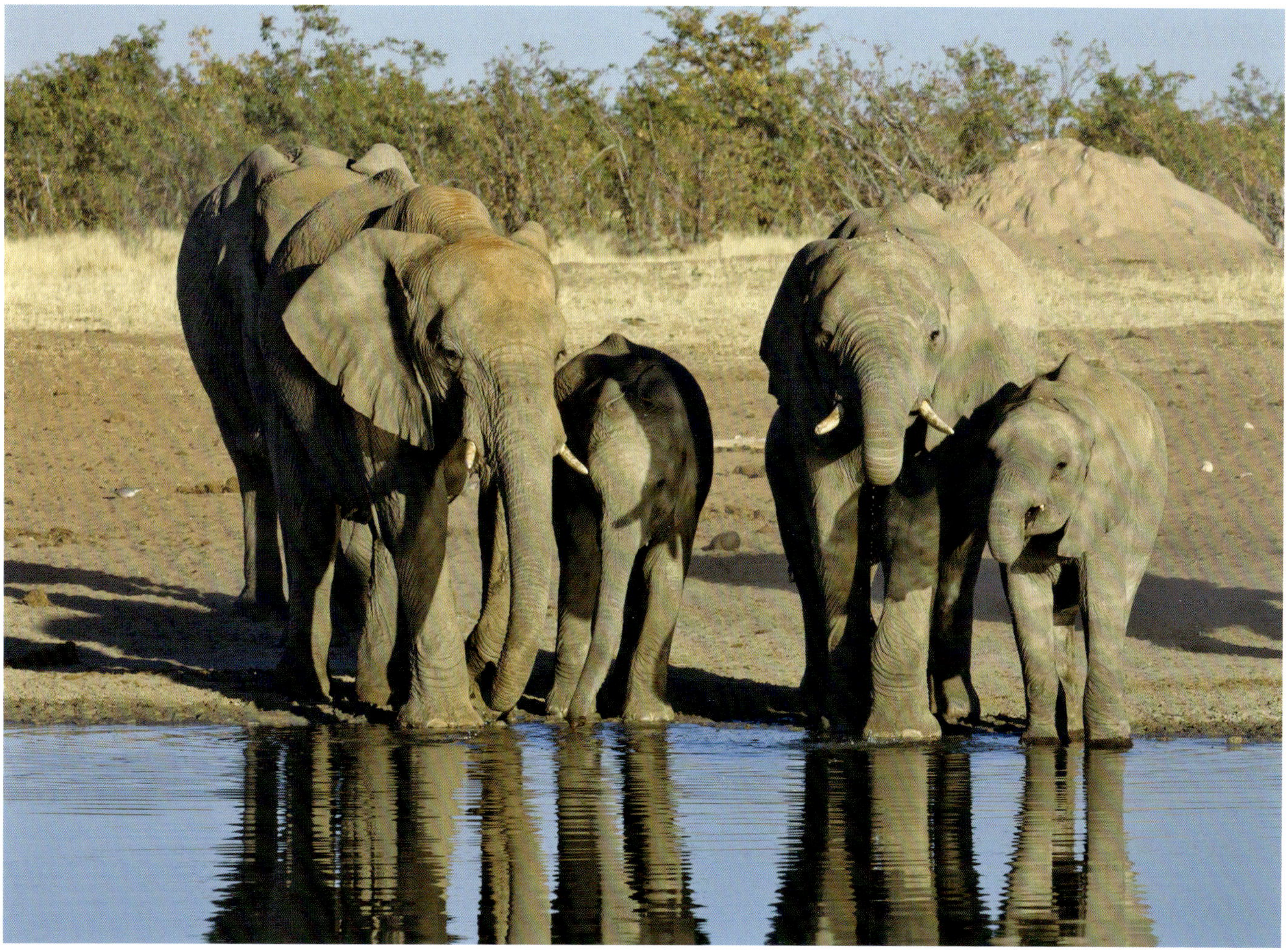

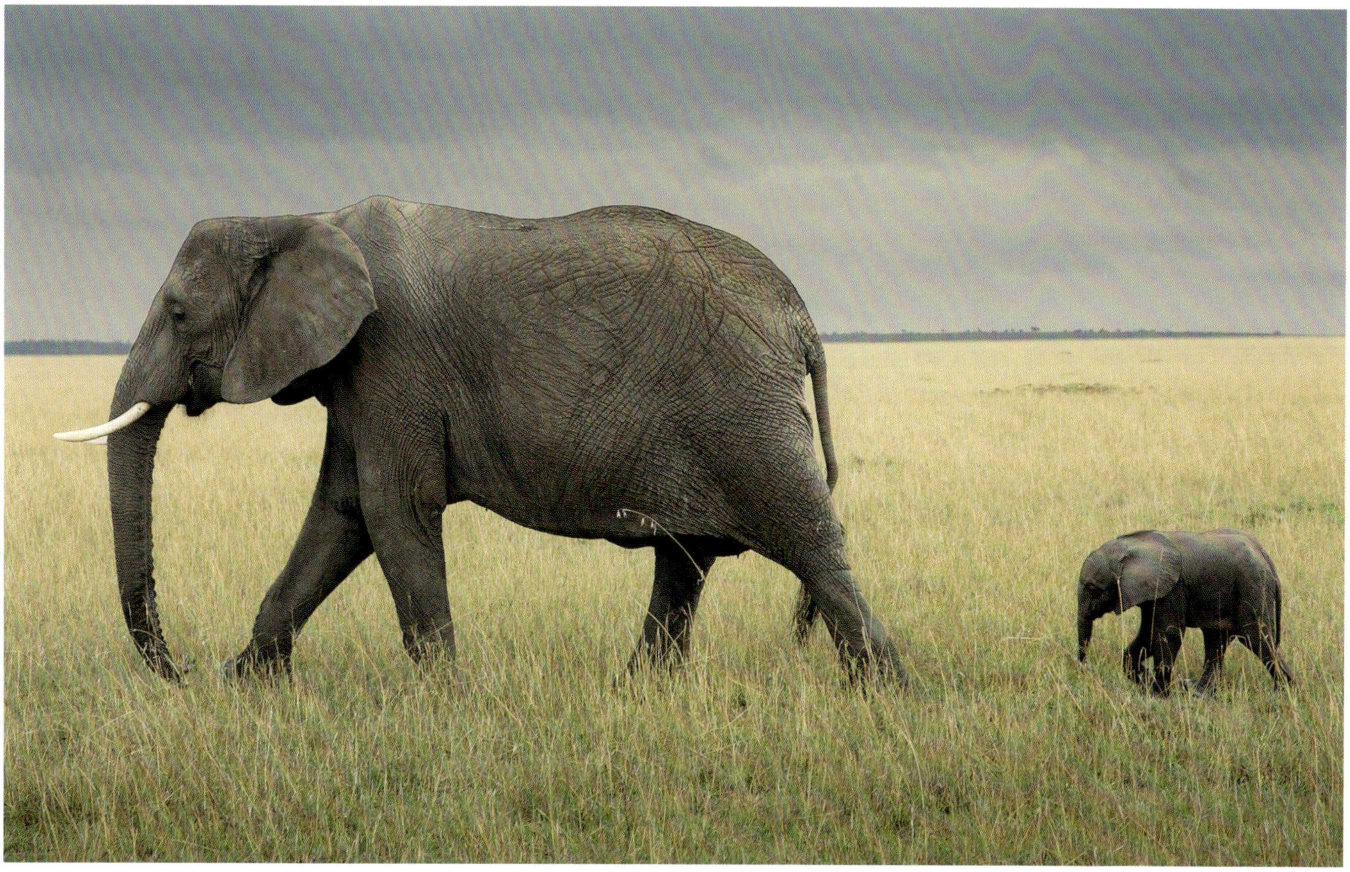

SPRINGEN UNMÖGLICH

Diese spielenden Kälber testen die Grenzen ihres Körpers aus. Sie werden herausfinden, dass sie nicht in der Lage sind, zu springen – denn Elefanten gehören zu den wenigen Lebewesen, die dies nicht können, auch wenn sie noch jung und relativ klein sind. Das robuste Skelett trägt zwar das immense Gewicht des Tieres, verhindert jedoch, dass es mit allen vier Füßen gleichzeitig springen kann.

GEGENÜBERLIEGENDE SEITE

STAUBHÜLLE

Die Mutter und ihr Kind sind beide mit dem roten Sand der afrikanischen Savanne bedeckt. Der Staub wirkt auch als Insektenschutzmittel gegen Parasiten wie die Dasselfliege *(Hypoderma)*, die ihre Eier in die Haut des Elefanten legen: Die schlüpfenden Maden fressen sich auf ihrem Weg nach draußen durch die Haut des Wirtstieres.

OBEN

ÜBERLEGENHEIT

Trotz des äußerlichen Anscheins von Zusammenhalt und Fürsorge basieren Elefantenfamilien auf einer Hierarchie, die in den frühesten Jahren Gestalt annimmt. Die bei Kälbern so beliebten spielerischen Kämpfe und Rüsselverdrehungen bestimmen, welche der Schwestern – und welche der Brüder – eines Tages die Chefrolle einnehmen werden.

SCHLAMMBAD

Eine Elefantenfamilie besucht eine Wasserstelle nicht nur wegen des Wassers, sondern auch wegen des Schlamms: Sie wälzt sich darin, um eine dicke Schmutzschicht zu erhalten. Für die Elefanten ist der Schlamm kein Schmutz, sondern eine schädlingsresistente Beschichtung, die in jeden Riss in der dicken, rauen Haut sickert. Der Schlamm erschwert es Dschungelparasiten – meistens Blutsauger wie Blutegel und Zecken – sich am Körper festzuhalten.

FLUSSÜBERQUERUNG

Elefanten sind zwar gute Schwimmer, doch diese Asiatische Elefantendame geht bei der Überquerung eines Flusses im Elefantenwaisenhaus Pinnawela mit ihren beiden Kälbern lieber auf Nummer Sicher.

GEFAHR

Während eine Familie Afrikanischer Elefanten eine Staubpiste überquert, warnt die Matriarchin vor einer bevorstehenden Gefahr und gibt den kleineren und weniger erfahrenen Familienmitgliedern Zeit, sich an einen sichereren Ort zu begeben.

KÜRZERE STOSSZÄHNE

Die zunehmende Wilderei, bei der ganze Familien mit großen Stoßzähnen getötet werden, um den illegalen Elfenbeinmarkt zu versorgen, hat auch dazu beigetragen, dass sich die durchschnittliche Länge der Stoßzähne eines Afrikanischen Elefanten im letzten Jahrhundert halbiert hat.

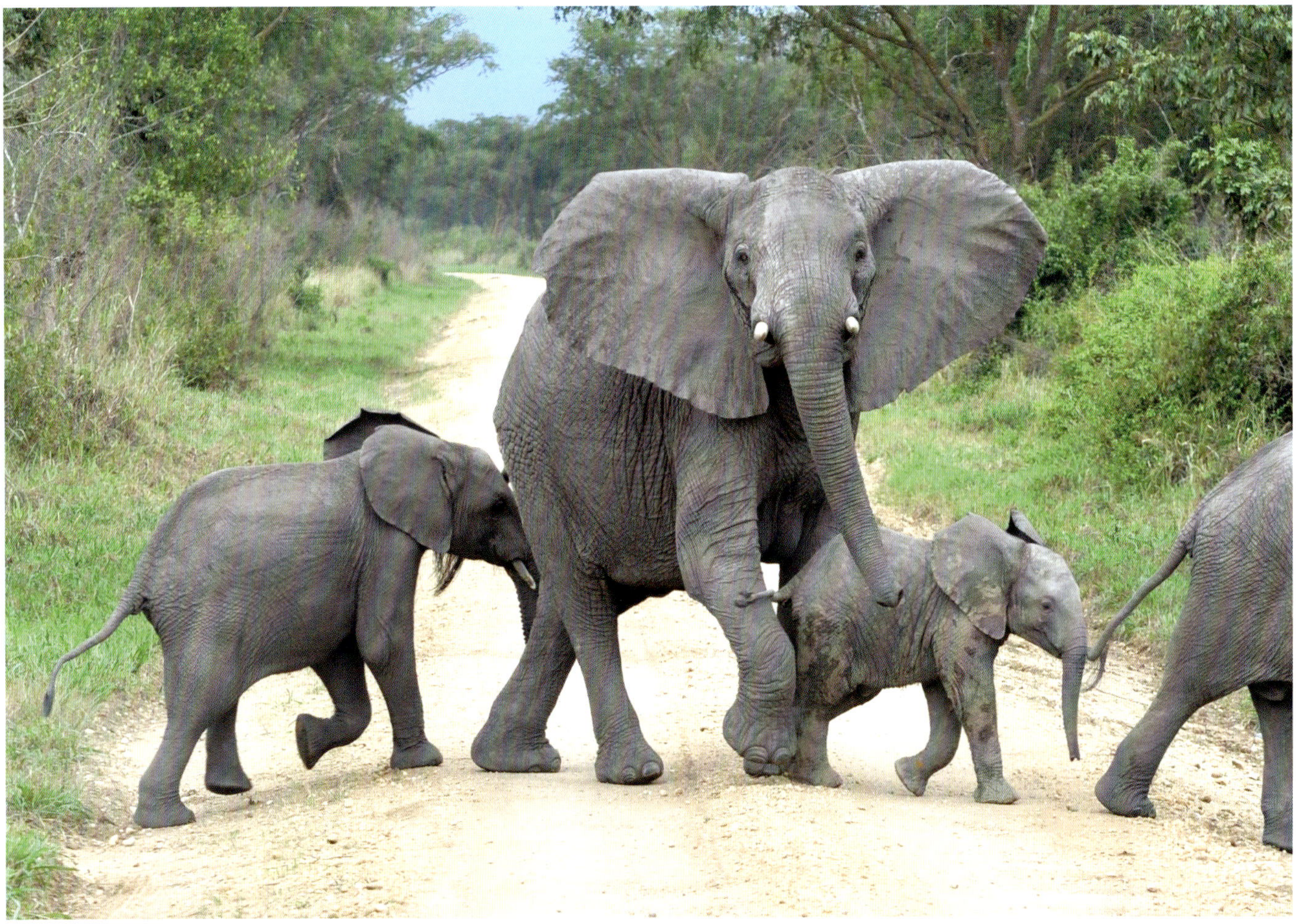

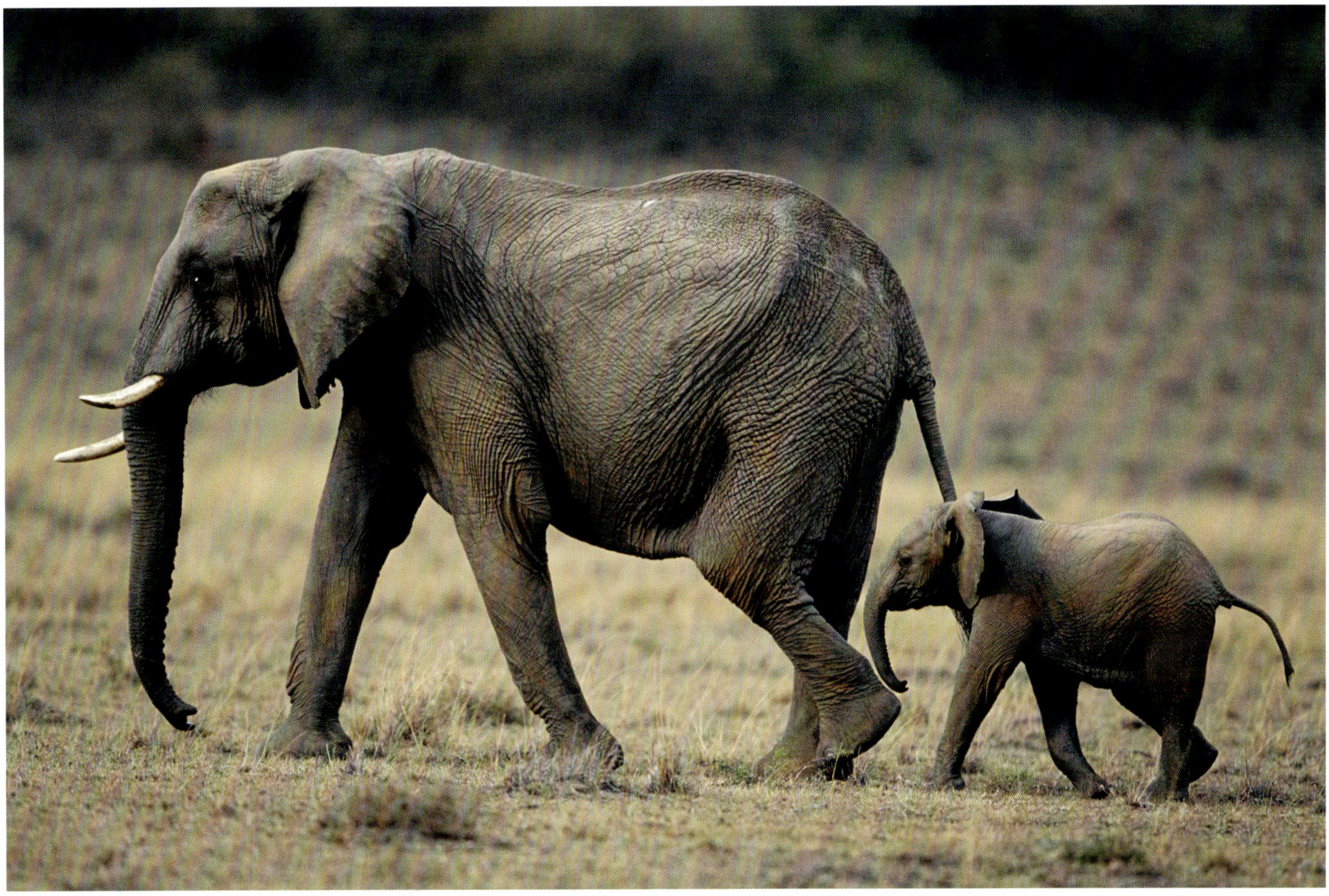

OBEN

KAMPFÜBUNGEN

Ein kleiner Kampf zwischen jüngeren Familienmitgliedern hält sie ruhig und verringert die Unruhe in der größeren Gruppe – und eines Tages könnte er real werden: in einem von Testosteron gesteuerten Kampf um Weibchen.

RECHTS

STARKE BINDUNGEN

Die Bindung zwischen Mutter und Kalb wird ständig durch kleine Berührungen mit dem Rüssel, Rufe und Augenkontakt verstärkt. Hier versucht ein sehr kleines Kalb, seinen Rüssel um den seiner Mutter zu wickeln, ähnlich der Hand eines Kleinkindes, das nur einen Finger seiner Eltern greifen kann.

BERUHIGENDE ANWESEN-HEIT

Eine Elefantenfamilie hat einen gemeinsamen emotionalen Zustand, an dem sich die Mitglieder gegenseitig orientieren. So wie ein Elefant schnell Alarm in der Gruppe verbreiten kann, kann er auch die anderen Elefanten mit einer Reihe von fühlbaren und visuellen Signalen und Geräuschen beruhigen.

DER KÖRPER

Ein Elefant ist dank seiner einzigartigen anatomischen Eigenschaften unverkennbar. Hinzu kommt, dass der Afrikanische Elefant das größte Landtier der Erde ist. Die Bullen werden bis zu 7,5 m lang und 3,3 m hoch. Mit einer Länge von 6,4 m und einer Höhe von 3 m ist der Asiatische Elefant das zweitgrößte Landtier.

Der Asiatische Elefant kommt in mehreren isolierten Populationen vor (obwohl nur sehr wenige wild leben), die in drei bzw. vier Unterarten klassifiziert werden. Einige offizielle Stellen ziehen es vor, die afrikanische Elefantenart in zwei verschiedene Arten zu unterteilen. Die Elefanten der Savanne mit ihren riesigen Stoßzähnen sind als Buschelefanten bekannt, während ihre gewöhnlich kleineren Verwandten aus den Wäldern Zentral- und Westafrikas (die selten größer als 2,8 m werden) als Afrikanische Waldelefanten bezeichnet werden. Die Zersplitterung der Lebensräume hat im Laufe der Jahrhunderte dazu geführt, dass sich die beiden Elefantentypen selten treffen und somit signifikante genetische Unterschiede entwickelt haben. Dennoch betrachten einige Biologen die Gruppen immer noch als zwei Unterarten.

Alle Elefanten entwickelten sich aus großen Sumpfkreaturen, die ihre langen, spatenförmigen Stoßzähne dazu nutzten, um nach Nahrung zu graben. Heute sind die unteren Stoßzähne verloren gegangen und die Oberlippe und die Nase haben sich zu dem berühmten Rüssel entwickelt.

GEGENÜBERLIEGENDE SEITE

DREI KÖRPERMERKMALE

Das Trio aus Rüssel, Stoßzahn und riesigem Außenohr ist ein einzigartiges anatomisches Merkmal des Elefanten. Alle drei Merkmale erfüllen verschiedene Funktionen im Zusammenhang mit der Ernährung, den Sinnen, dem Schutz und der Kommunikation. Zusammen sind sie das beste Mittel, um eine Art von der anderen zu unterscheiden.

DER SCHÄDEL

Elefanten haben einen gewaltigen Schädel – und dies nicht nur, um das schwere Gehirn mit einem Gewicht von 5,4 kg (das menschliche Gehirn wiegt lediglich 1,6 kg) zu halten. Wenn etwas im Schädel sehr viel Platz benötigt, dann sind dies die riesigen Gesichtsknochen, mit denen Stoßzahn und Rüssel gehalten werden. Um das Gewicht zu reduzieren, ist der Elefantenschädel von Hohlräumen durchzogen.

DER STOSSZAHN

Der Elefantenstoßzahn
ist ein langer oberer
Schneidezahn, der
durch die Oberlippe
herauswächst. Der
Stoßzahn besteht aus
dem berühmten Elfen-
bein. Dieses Material
besteht hauptsächlich
aus Dentin, dem wei-
cheren Zahninneren,
das mit zusätzlichem
Kalzium verstärkt ist.
Außen ist der Zahn
außerdem mit einer
dünnen Zahnschmelz-
schicht überzogen.

DAS MAUL

Die Gesichtsanatomie eines Elefanten ist so ungewöhnlich, dass man leicht verwirrt werden kann.
Der Rüssel ist eine Verlängerung der Nase und
nicht des Mauls. Dieses ist die meiste Zeit da-
runter verborgen.

DAS FÜNFTE KÖRPERGLIED

Der Rüssel des Elefanten ist sein fünftes und agilstes
Körperglied. Er kann wie eine Hand benutzt werden,
um Lebensmittel, wie dieses leckere Bündel Grün-
zeug, aufzunehmen. Die gesamte Struktur lässt sich
dank 40 000 separater Muskelstränge in alle Rich-
tungen bewegen.

WASSERSPIELE

Häufiges Baden ist unerlässlich, um die raue Haut der Elefanten gesund zu halten und mit Feuchtigkeit zu versorgen. Aber es ist für junge und für alte Elefanten auch eine gute Gelegenheit, um ein bisschen Spaß zu haben.

GEGENÜBERLIEGENDE SEITE

KEIN STOSSZAHN

Stoßzähne wachsen sowohl den männlichen, als
auch den weiblichen Afrikanischen Elefanten. Den
weiblichen Asiatischen Elefanten wachsen hingegen
keine Stoßzähne. Dieser Artenunterschied ist für den
Afrikanischen Elefanten ein Fluch, da ganze Familien
vom illegalen Elfenbeinhandel betroffen sind, während in Asien nur vereinzelt die Bullen gejagt werden.

OBEN

SANFTE BERÜHRUNGEN

Obwohl der Rüssel stark genug ist, um eine Person
mit einem einzigen gezielten Schlag in die Luft zu
wirbeln, kann er auch sehr feine Bewegungen aus-
führen, z. B. solche, die erforderlich sind, um etwas
Schlamm aus dem Auge zu reiben.

OHRFORMEN

Elefantenexperten können die Tiere anhand ihrer Ohrform identifizieren. Die Ohren weisen einzigartige, ausgefranste Kanten und Venennetzwerke auf. Es ist ungewiss, ob Elefanten diese Hinweise nutzen, um ihre Freunde zu identifizieren, aber sie können sich gut daran erinnern, wer wer ist, und sie können sich sogar selbst im Spiegel erkennen.

SEHVERMÖGEN

Eine Sache, die an einem Elefanten klein ist, ist sein Auge. Das Sehvermögen der Elefanten ist eingeschränkt. Sie können bis zu 10 m weit klar sehen und Objekte erkennen, die doppelt so weit entfernt sind, aber danach sind sie auf Hören und Riechen angewiesen, um Nahrung, Wasser und Bedrohungen zu erkennen.

DER DOMINANTE STOSSZAHN

Gewöhnlich zieht ein Elefant einen Stoßzahn dem anderen vor und verwendet ihn häufiger als den anderen, genauso wie sich Menschen auf die linke oder rechte Hand verlassen. Stoßzähne sind selten gleich lang und der sogenannte „Master Tusk" (Meister-Stoßzahn) wird aufgrund seiner Mehrbelastung häufiger abgenutzt.

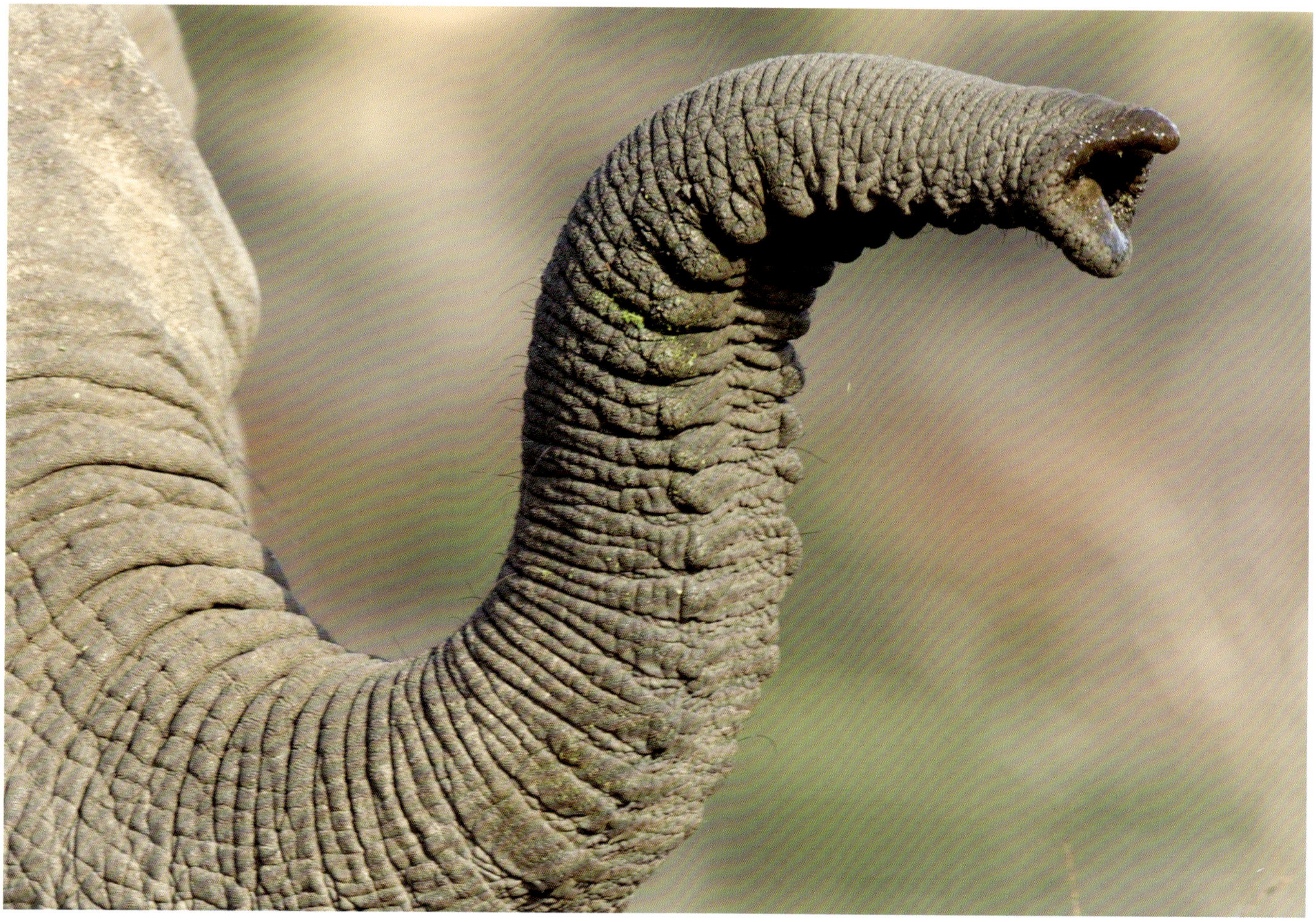

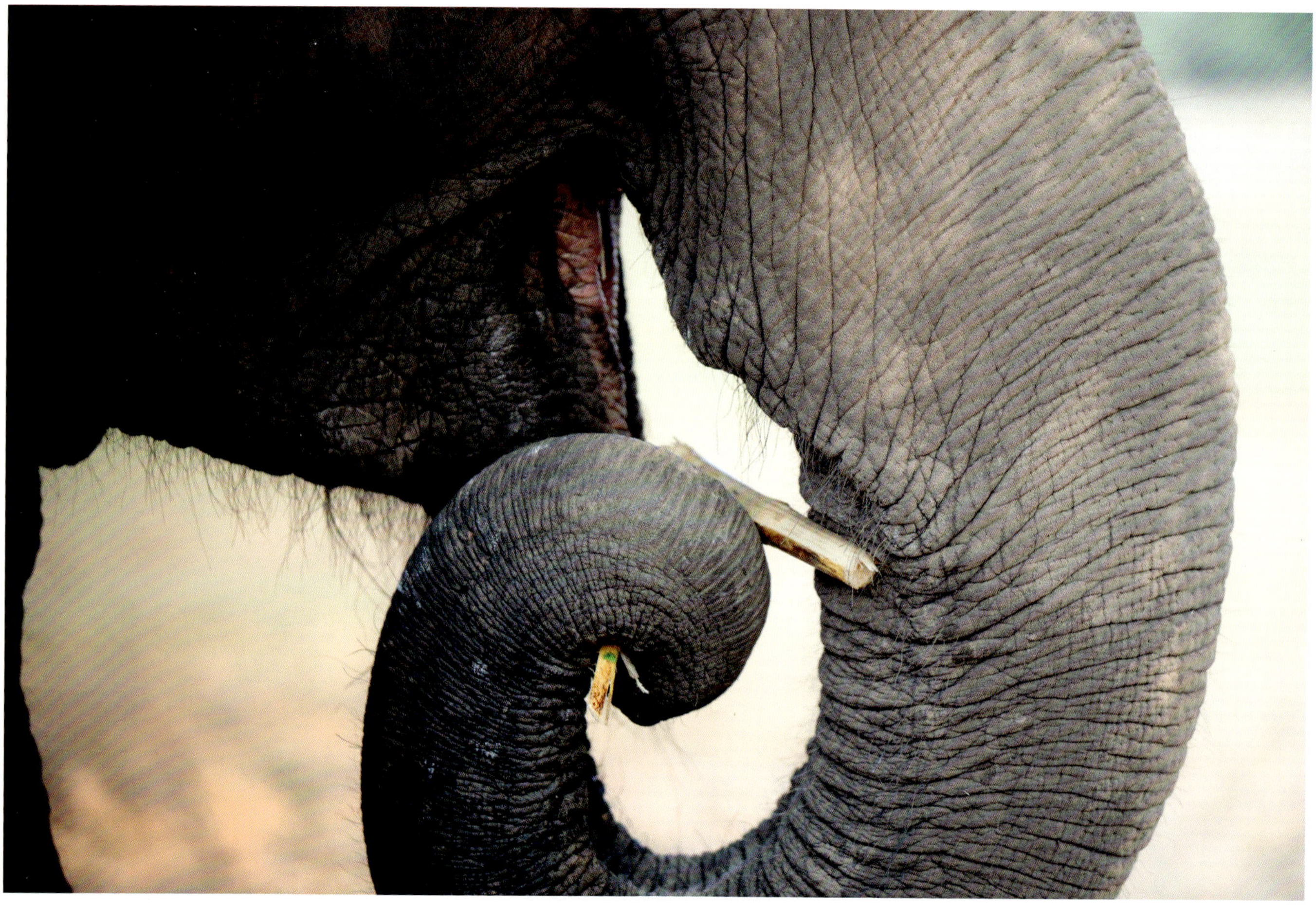

EIN ODER ZWEI FINGER?

Dieser Rüssel gehört zu einem
Afrikanischen Elefanten. Dies
erkennt man an den zwei flei-
schigen Auswüchsen am Rüssel-
ende, der eine oben, der andere
unten. Diese arbeiten wie Finger
zum Berühren und Greifen, wenn
Behutsamkeit erforderlich ist. Ein
Asiatischer Elefant hat dagegen
nur einen „Finger" am oberen
Rand des Rüssels.

GESCHMACKSERLEBNIS

Im Gegensatz zu der Darstellung
in Cartoons und Filmen mögen
Elefanten keine klebrigen Bröt-
chen oder süße Lebensmittel. Sie
bevorzugen den Geschmack von
Zweigen, Blättern und Gras.

DER SCHWANZ

Der Schwanz eines Elefanten kann
bis zu 2 m lang werden. Normalerweise ist er immer in Bewegung
und schwingt von einer Seite zur
anderen. Wenn der Elefant seinen
Schwanz versteift und still hält,
ist dies ein Zeichen dafür, dass
das Tier ängstlich ist.

HAUT UND HAARE

Obwohl es bei vielen Elefanten schwer zu erkennen ist, weil sie ihre Haut mit Schlamm und Staub bedecken, ist ihre Haut mit groben Haaren bedeckt. Die Haare sind nicht dazu da, um den Elefanten warm zu halten, sondern um ihn vor hellem Sonnenlicht zu schützen.

GEGENÜBERLIEGENDE SEITE

KEIN SCHWEISS

Die dicke Haut des Elefanten hat keine Schweißporen. Die Menge an Wasser, die erforderlich wäre, um einen Körper dieser Größe durch Verdunstung von Schweiß aktiv zu kühlen, wäre viel zu hoch, um praktikabel zu sein. Stattdessen wird die Wärme durch die große Oberfläche der Ohren, die mit venösem Blut gespeist werden, abgestrahlt.

OBEN

HÖR MAL ZU

Elefanten nehmen nicht nur Geräusche mit den Ohren wahr, sondern hören auch mit den Füßen. Sie erkennen die tiefen Infraschallschwingungen, die durch den Boden laufen. Diese sind zu tief, als dass unsere Ohren sie hören könnten. Um ein besseres Signal zu erhalten, hebt der Elefant das Bein, welches er nicht benutzt, vom Boden ab.

OBEN

ALTERSINDIKATOR

Der Rüssel des Elefanten
hört niemals auf zu
wachsen. Er kann daher
als guter Indikator zur
Bestimmung des Alters
herangezogen werden.
Der größte jemals ge-
messene Rüssel war
3,51 m lang und wog
117 kg.

UNTEN

RIECHEN

Der Rüssel eines Ele-
fanten ist nicht nur die
größte Nase der Welt,
sondern auch einer der
empfindlichsten Riecher
im Tierreich. Die lange
„Nase" kann Wasser
bis zu einer Entfernung
von 20 km riechen.

GEGENÜBERLIEGENDE SEITE

DIE STIRN

Ein weiteres Unter-
scheidungsmerkmal
von Elefantenarten ist
deren Stirn. Die Stirn-
linie des Asiatischen
Elefanten zeichnet sich
durch zwei seitliche
Buckel und eine kon-
kave Eindellung da-
zwischen aus, während
ihre afrikanischen Ver-
wandten einen abge-
rundeten Kopf haben.

SONNENSCHUTZ

Dieser erwachsene Elefant hat sich mit dem weichen roten Staub der kenianischen Savanne bedeckt, der von der Sommerhitze trocken gebrannt wurde. Der Staub wirkt als eine Art Sonnencreme und schützt den großen Elefanten während der langen Stunden, die er dem brennenden äquatorialen Sonnenschein ausgesetzt ist.

FLIEGENKLATSCHE

Das langsame Schwingen des Quastenschwanzes des Elefanten hat die Biologen lange verwirrt, denn die Bewegungen sind zu schwerfällig, um Fliegen häufiger zu treffen. Forscher sind inzwischen zu dem Schluss gekommen, dass das Zur-Seite-Schwingen Windböen rund um den Rücken des Tieres erzeugt, welche Fliegen von der Landung abhalten sollen.

ZEHENNÄGEL

Elefanten gehen auf den Zehenspitzen, ähnlich wie ein Pferd, ein Nilpferd oder eine Ziege. Die Hufe dieser Tiere sind das Pendant zu Zehennägeln und sie stützen und schützen die knöchernen Zehen. Flachfüßige Elefanten haben einzelne Zehennägel, die aber beim Laufen kontinuierlich abgenutzt werden. Der Afrikanische Elefant hat vier vordere und drei hintere Zehen; der Asiatische Elefant (hier zu sehen) hat fünf an den Vorderfüßen und vier an den Hinterfüßen.

DIE FERSE

Ein Elefant hat keine Knochen in seinen Fersen, stattdessen sind die Zehenknochen an der Vorderseite des Fußes von einem Fettpolster umgeben, das das hohe Gewicht des Tieres abfedert.

SCHWERGEWICHT

Ein Afrikanischer Elefantenbulle wiegt bis zu 6 Tonnen – doppelt so viel wie ein Weibchen. Männliche Asiatische Elefanten sind mit 5,4 Tonnen Gewicht (ungefähr das Gewicht der Zunge eines Blauwals) nur unwesentlich leichter.

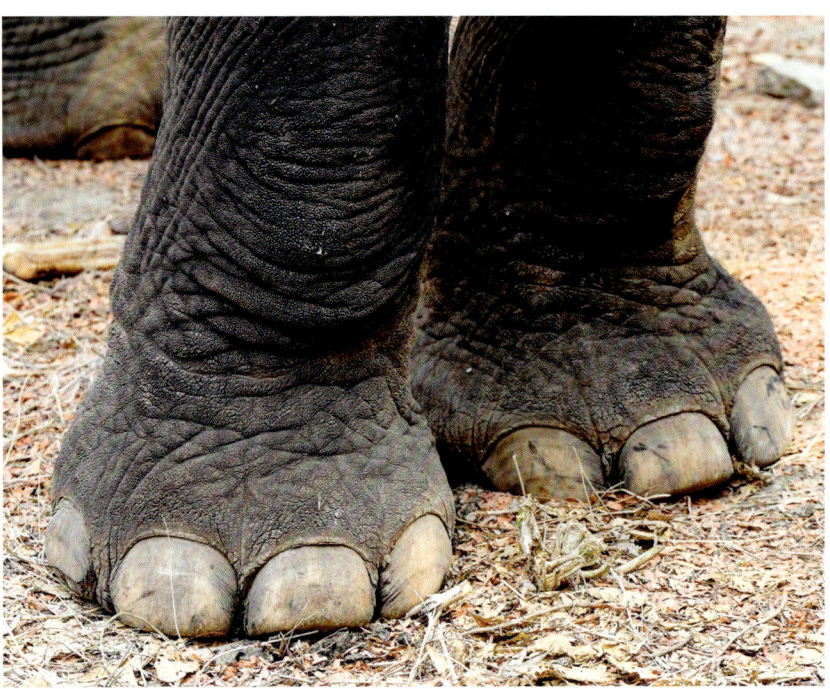

DUNKELHÄUTIG

Die Haut von Elefanten erscheint oft blasser, sogar rötlich bzw. gelblich, wegen der Schicht aus Staub und Schlamm. Unter dieser Schicht ist die gesamte Haut jedoch von Natur aus dunkelgrau, bei asiatischen Tieren fast schwarz. Häufig findet man auch rosa und pfirsichfarbene Flecken auf Stirn und Rüssel.

GEGENÜBERLIEGENDE SEITE

DIE HAUT

Die Haut ist stellenweise bis zu 4 cm dick. Sie wird aber rissig, wenn sie längere Zeit austrocknet. Diese Risse können dann leicht von Bakterien und Parasiten befallen werden.

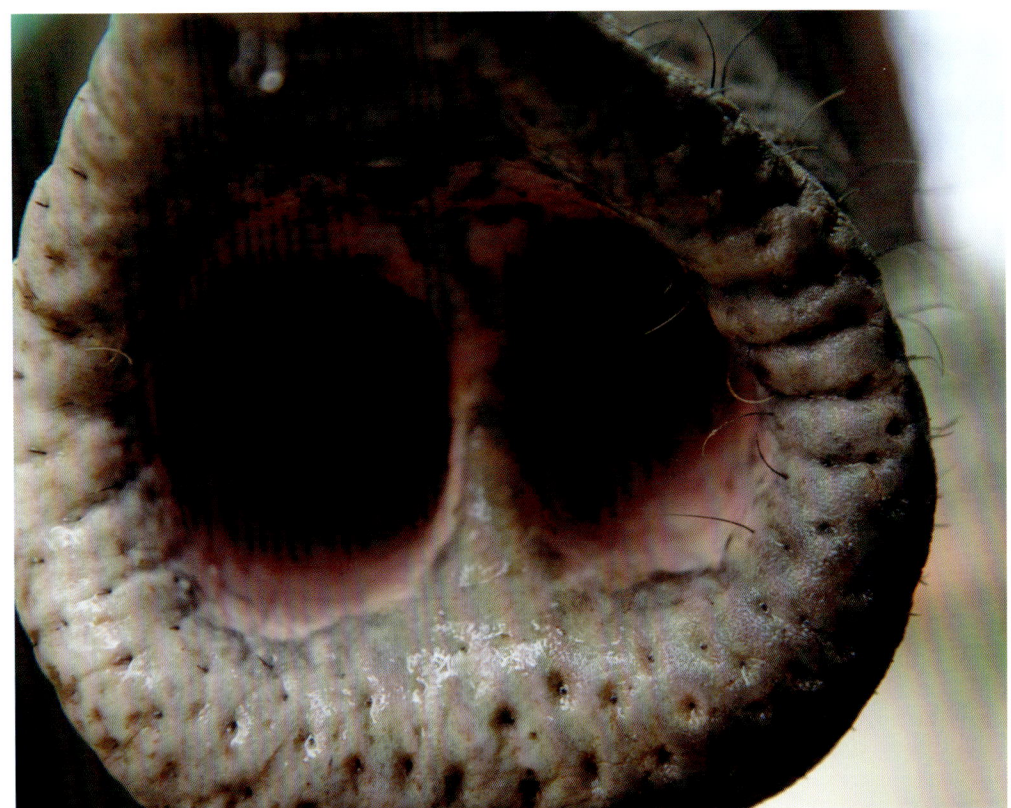

OBEN

NASENLOCH

Die Nasenlöcher verlaufen den ganzen Rüssel entlang. Es handelt sich um zwei durchgehende Röhren, die durch eine Knorpelbarriere, das Septum, getrennt sind.

UNTEN

RIECHORGAN

Der Elefantenrüssel führt zu einer Nasenhöhle über dem Gaumen. Hier werden in der Luft vorhandene chemische Stoffe erkannt und Nachrichten als Geruchssinndaten an das Gehirn gesendet. Der Geruchssinn eines Elefanten ist viermal so ausgeprägt wie der eines Bluthunds. Die DNA des Elefanten enthält mehr Gene, die dem Geruchssinn gewidmet sind, als die jedes anderen Säugetiers.

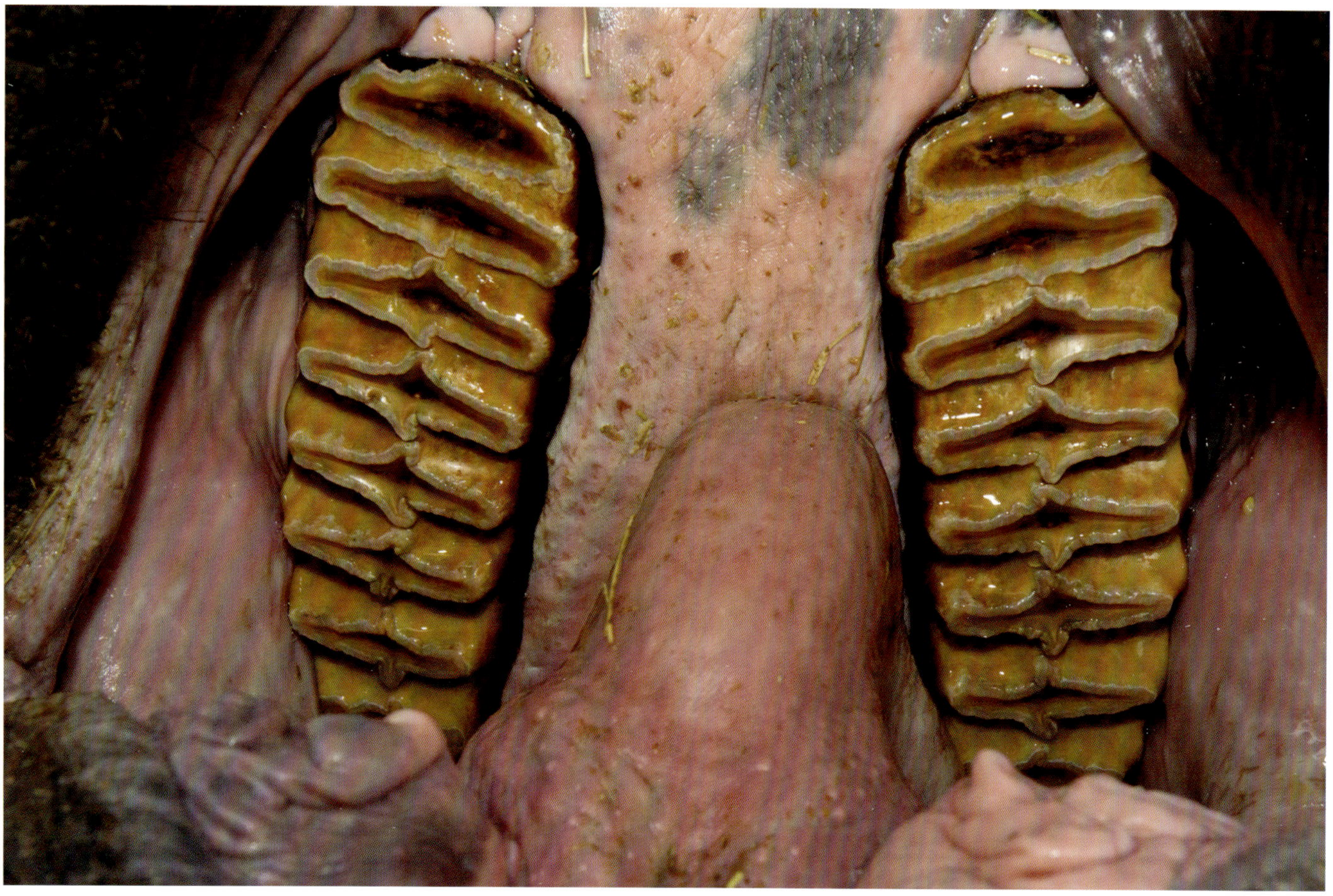

VIER ZÄHNE

Ignoriert man die Stoßzähne, die technisch gesehen Zähne sind, hat ein Elefant vier Zähne im Mund. Die langen Backenzähne sind sehr rau und werden verwendet, um Holz und Blätter zu Brei zu zermahlen. Während er benutzt und zugleich abgenutzt wird, bewegt sich der Zahn im Mund vorwärts, bis er herausfällt – und durch einen anderen ersetzt wird. Dies geschieht im Laufe eines Elefantenlebens bis zu 24-mal.

DIE ZUNGE

Die Zunge eines Elefanten wiegt bis zu 12 kg. Sie trägt nicht nur die Geschmacksknospen, sondern befördert auch das Essen zum Schlucken in den Rachen.

KEINE KNOCHEN

Der Rüssel des Elefanten besitzt keine Knochen. Seine Stärke und Manövrierfähigkeit ist darauf zurückzuführen, dass die Flüssigkeit im Inneren unter Druck steht. Der Rüssel als Ganzes und die vielen Segmente darin können zwar seine Form ändern, aber nicht das Volumen. Durch das Drücken und Ziehen der Muskeln kann der Elefant den Rüssel in die verschiedensten Positionen verdrehen.

UNTEN:

GASPRODUKTION

Elefanten fermentieren ihre Nahrung und produzieren dabei viel Methangas. Es wird geschätzt, dass ein Elefant jeden Tag genug Methan ausstößt, um ein Auto für eine 32 km lange Fahrt zu betanken.

DAS VERHALTEN

Der Anblick eines Elefanten in freier Wildbahn ist beeindruckend. Wenn wir beobachten, mit welcher Kraft und Anmut er sich bewegt und wie er innehält, um mit seinem geschickten Rüssel Futter aufzunehmen oder zu trinken, verstehen wir schnell, wie ein Elefant lebt, wie er überlebt und was sein komplexes Verhalten antreibt. Ethologen, Wissenschaftler, die das Verhalten von Tieren untersuchen und seinen Zweck analysieren, haben alle Arten von Elefanten in freier Wildbahn und in Gefangenschaft untersucht. Sie beobachteten, wie die großen Tiere von der Geburt bis zum Tod miteinander interagieren, und fanden heraus, warum sie dies tun. Sie haben außerdem erfahren, dass es nicht nur lange dauert, bis ein Elefant zu einem Erwachsenen voller Größe heranwächst – etwa 10 bis 14 Jahre –, sondern mindestens genauso lange, bis ein Elefant lernt, sich wie ein Elefant zu verhalten.

Die scheinbare Gelassenheit des Elefantenlebens wird durch eine wackelige Balance zwischen Eigeninteresse und der Bedrohung durch extreme Gewalt aufrechterhalten. Die erwachsenen Weibchen müssen zusammenarbeiten, um ihre Jungen großzuziehen, und sich in Familiengruppen zusammenschließen. Es gibt wenig, was die Harmonie innerhalb der Elefantenfamilie stören kann. Die Elefanten arbeiten hart daran, die guten Beziehungen aufrechtzuerhalten. Die hauptsächlichen Unruhestifter sind die Männchen, die einen Großteil des Jahres aus der Herde verbannt werden, aber in der Paarungszeit in die Familie zurückkehren. Die damit einhergehenden Rivalitäten werden in Kämpfen ausgetragen.

GEGENÜBERLIEGENDE SEITE

MÄNNLICHE EINZELGÄNGER

Ein einzelner Afrikanischer Elefant ist höchstwahrscheinlich männlich. Er wurde von der Matriarchin aus der Familie gedrängt, als er sich dem Erwachsenenalter näherte, und hat sich möglicherweise einer kleinen Gruppe anderer ausgestoßener Männchen angeschlossen. Nun lebt er lieber alleine und duldet nur selten längere Gesellschaft.

Empfindliche Nase, zarter Fühler, Sehhilfe, Wasserbewegungsmittel, tödliche Waffe ... was kann ein Rüssel sonst noch? Nun, er kann auch als Schnorchel verwendet werden, wenn der Elefant im flachen Wasser auf der Seite liegt.

STRECK DICH

Der Rüssel ist besonders nützlich, um an die saftigsten Blätter zu gelangen, die für die meisten Savannentiere unerreichbar sind. Der Elefant ist dabei in der Lage, sein Gewicht für kurze Zeit auf den Hinterbeinen zu tragen, da seine säulenartigen Beine entsprechend gebaut sind. Dies geht jedoch zu Lasten der Beweglichkeit.

GEGENÜBERLIEGENDE SEITE OBEN

TROMPETE

Der Klang einer Elefantentrompete ist einer der bekanntesten Rufe in der Tierwelt – wenn auch einer, der schwer nachzuahmen ist. Er signalisiert, dass der Elefant emotional bewegt ist, vielleicht spürt er Verlust, Wut oder Angst. Das Trompeten wird dadurch erzeugt, dass Luft durch den Rüssel und nicht durch den Kehlkopf gedrückt wird.

GEGENÜBERLIEGENDE SEITE UNTEN

ZU HAUSE IM SUMPF

In den ewigen Feuchtgebieten des Okavango-Deltas von Botswana lebt ein Sechstel der Elefantenpopulation der Welt. Hier genießt ein einsamer Elefant auf einer überfluteten Wiese eine Mahlzeit aus Gräsern.

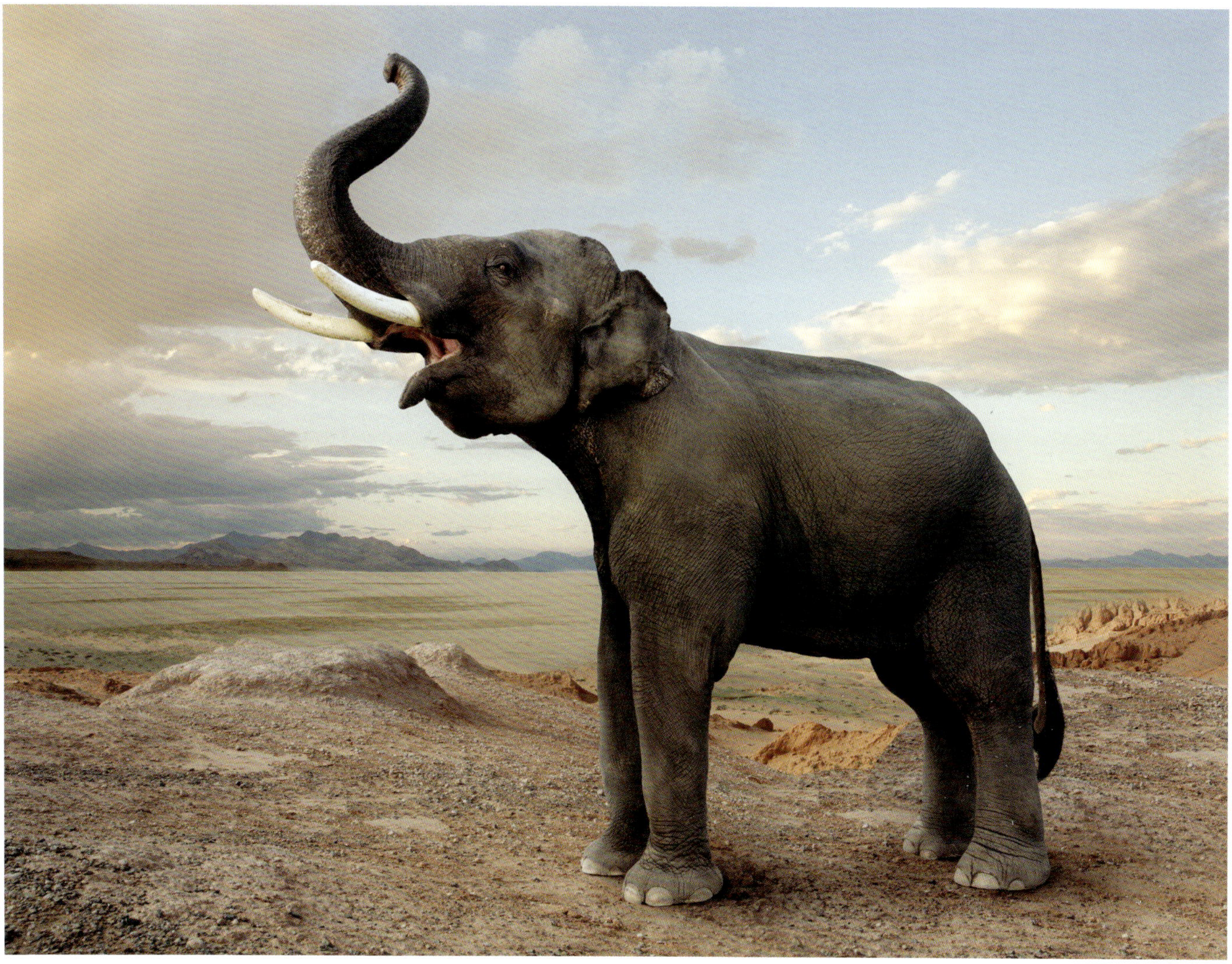

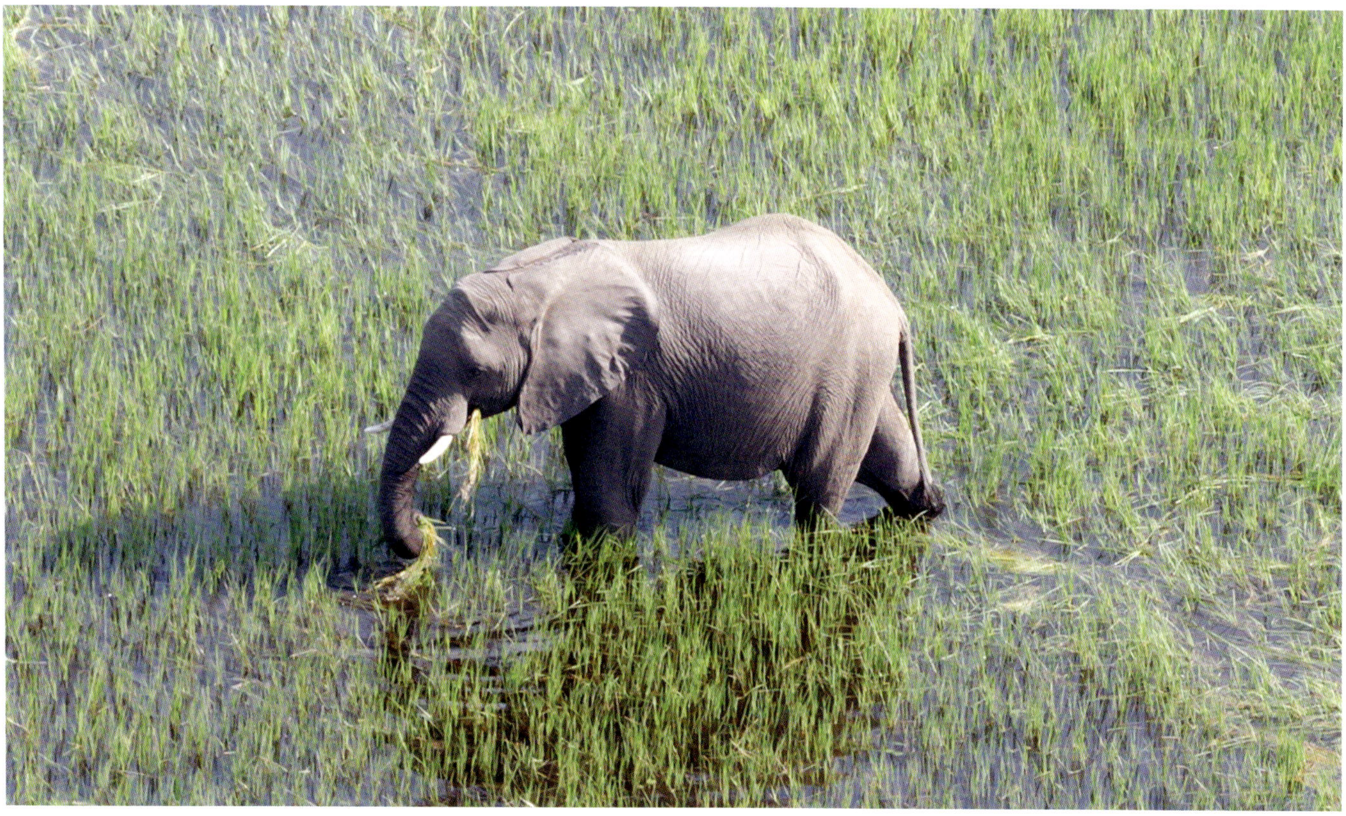

VISITENKARTE

Der Trompetenklang eines Elefanten ist eine Mischung aus harmonischen und disharmonischen Tönen. Afrikanische Elefanten sind in der Lage, Familienmitglieder anhand ihres Klangs über eine Entfernung von 2,5 km zu identifizieren.

GEGENÜBERLIEGENDE SEITE OBEN

TIEFGRÜNDIG

Die Kommunikation der Elefanten über große Entfernungen erfolgt über Infraschall. Diese Bassgeräusche, die für andere Tiere zu tief sind, werden als Vibrationen durch den Boden übertragen und von den Füßen des Elefanten aufgenommen.

GEGENÜBERLIEGENDE SEITE UNTEN

EVOLUTION

Eine naheliegende Theorie für die Evolution des Elefantenrüssels ist, dass er sich als Schnorchel entwickelt hat, da die Vorfahren der heutigen Elefanten Sumpfbewohner waren, die im flachen Wasser nach Nahrung gruben.

OBEN

GEMEINSAM UNTERWEGS

Diese afrikanische Elefantenfamilie ist unterwegs. Elefanten verbringen selten mehr als 15 Minuten an einem Ort, bevor die Matriarchin entscheidet, ihre Familie an den nächsten Futterplatz zu führen. In der Savanne kann die Gruppe täglich bis zu 25 km zurücklegen. Bei Waldelefanten ist der Bewegungsdrang nicht so ausgeprägt, da sie reichlich Futter in ihrem Lebensumfeld finden. Eine Elefantenfamilie legt hier daher nur wenige Kilometer an einem Tag zurück.

BEGEGNUNG MIT DEM OZEAN

Elefanten haben keine Angst vor dem
Meer und nehmen gerne ein Bad in
der Brandung, wenn sie die Küste erreichen. Es gibt sogar Berichte von
Elefanten, die weit draußen auf dem
Meer gesichtet wurden – oft zu weit,
um zurück ans Ufer zu gelangen.

OBEN

ZEIT FÜR SICH

Ältere Elefanten neigen dazu, alleine zu leben.
Dieser riesige Elefantenbulle hat sich ver-
mutlich im Laufe der Jahre viele Feinde gemacht, indem er während der Paarungszeit
mit seinen Rivalen Kämpfe ausgetragen hat.
Es ist ratsam, den Elefantenbullen fern zu
bleiben, vor allem während der Musth-Zeit,
der jährlichen Fortpflanzungsphase, wenn
die Männchen von den Rufen der Weibchen
angelockt und buchstäblich wild gemacht
werden.

GEGENÜBERLIEGENDE SEITE OBEN

SCHLAMMPACKUNG

Schlamm hat für Elefanten eine medizinische Funktion.
Dieses Jungtier hat sich vollständig mit diesem kühlenden
Mittel bedeckt – und es sieht so aus, als würde es einem
anderen Familienmitglied beim Einreiben helfen.

GEGENÜBERLIEGENDE SEITE UNTEN

HAUTSPRAY

Ein erfahrener, älterer Elefant trägt eine gründliche Schicht
aus hautbelebendem Schlamm mit einem äußerst geschickt
Schwenk seines Rüssels auf.

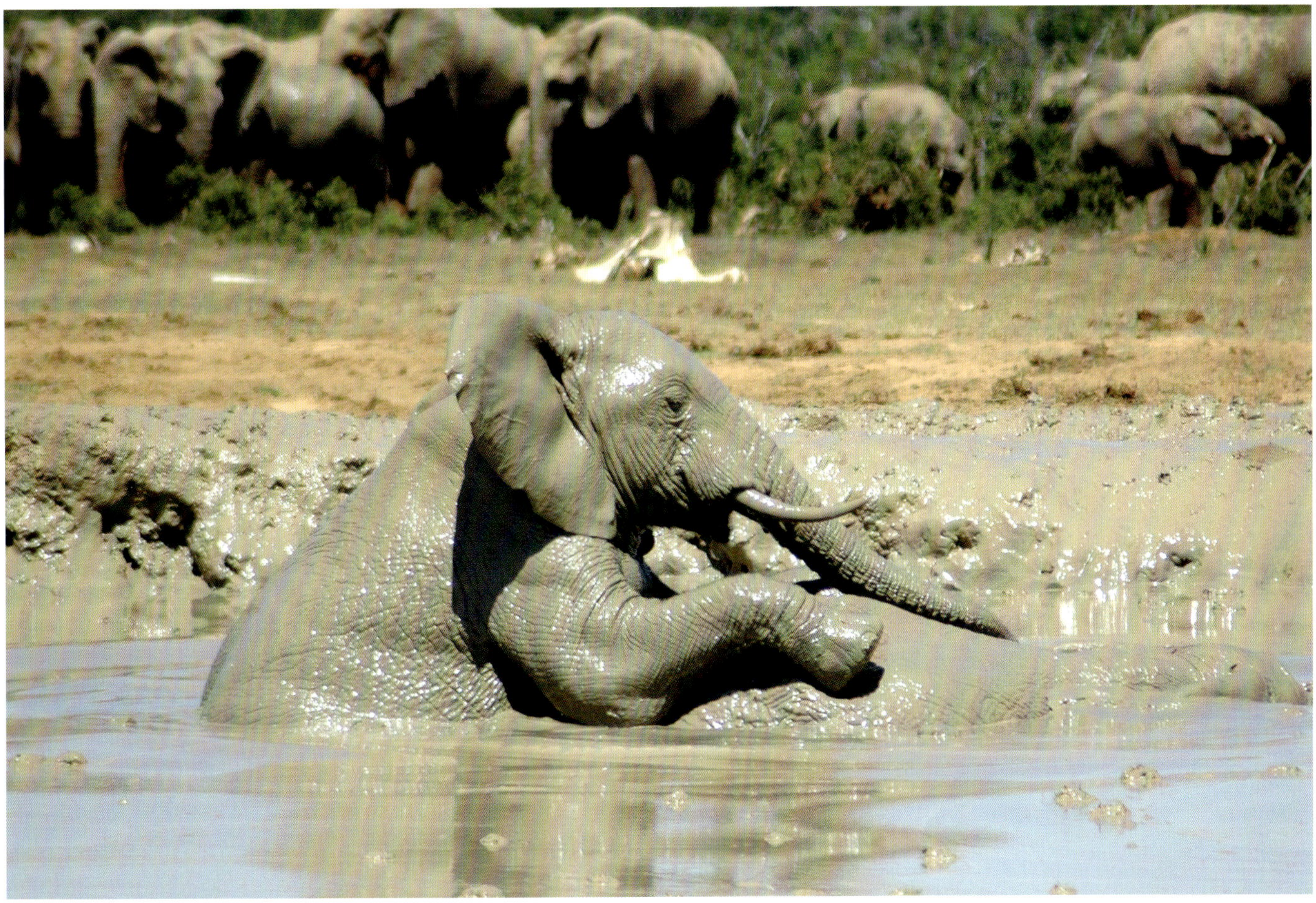

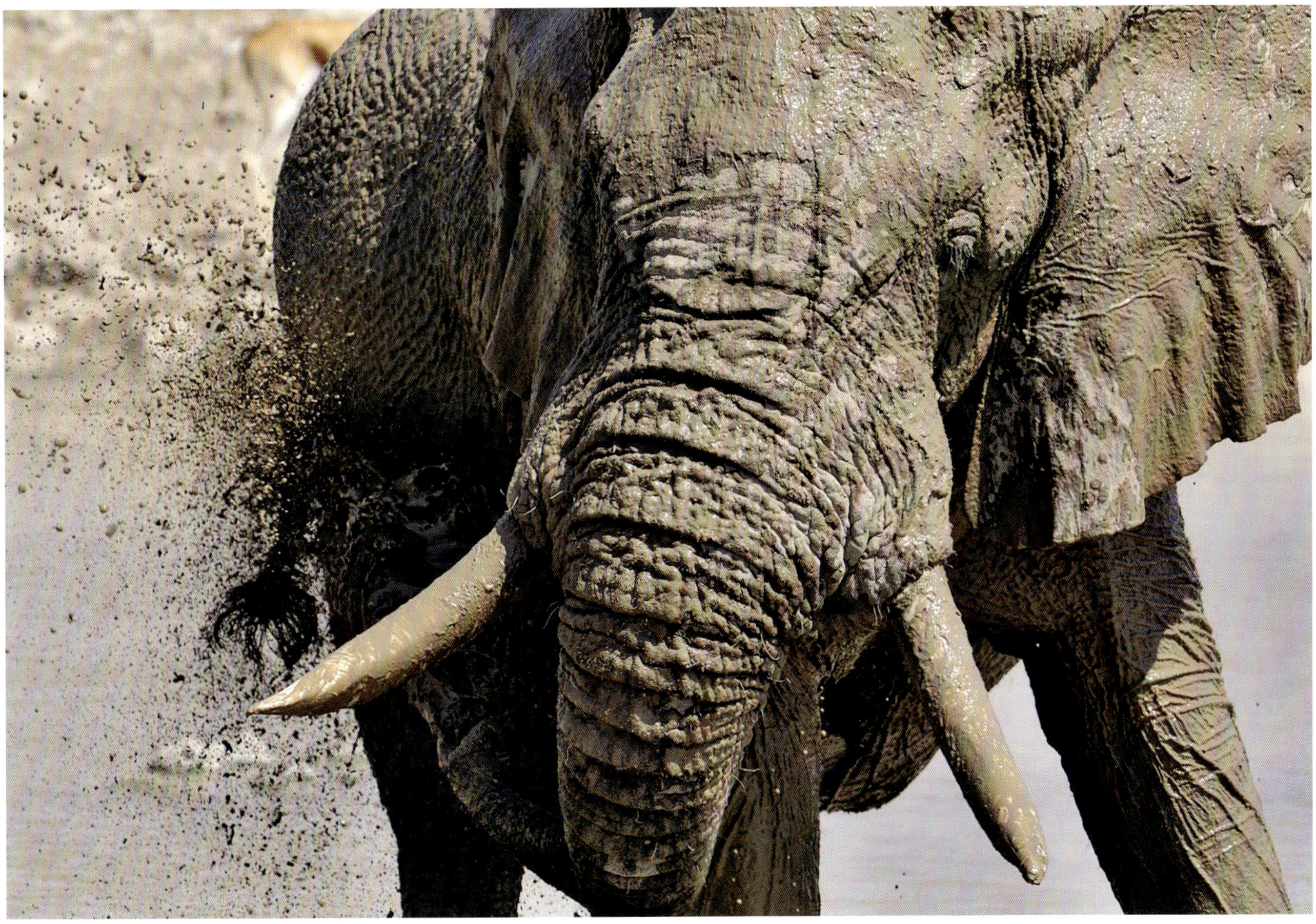

REISE IM OZEAN

Elefanten sind gute Schwimmer, die ihre flachen Füße als Paddel benutzen und auch etwas längere Strecken zurücklegen können. Sie können sogar tauchen, wobei ihnen ihr Rüssel als Schnorchel dient.

MEGA-HERBIVOREN

Waldelefanten sind Laubfresser, die Blätter von Bäumen und Büschen pflücken, während sie in der Savanne als Grasfresser mit einer geschickten Rüsselbewegung büschelweise Gras ausreißen. Es ist bekannt, dass allein der Asiatische Elefant 112 verschiedene Pflanzenarten frisst.

GEFAHR

Jedes Jahr werden ungefähr 500 Menschen von Afrikanischen Elefanten getötet. Die Anzahl der durch Asiatische Elefanten Getöteten ist noch höher, da die Elefanten hier als Lasttiere eingesetzt werden. Die meisten Todesfälle sind auf Angriffe von Männchen während der Paarungszeit zurückzuführen.

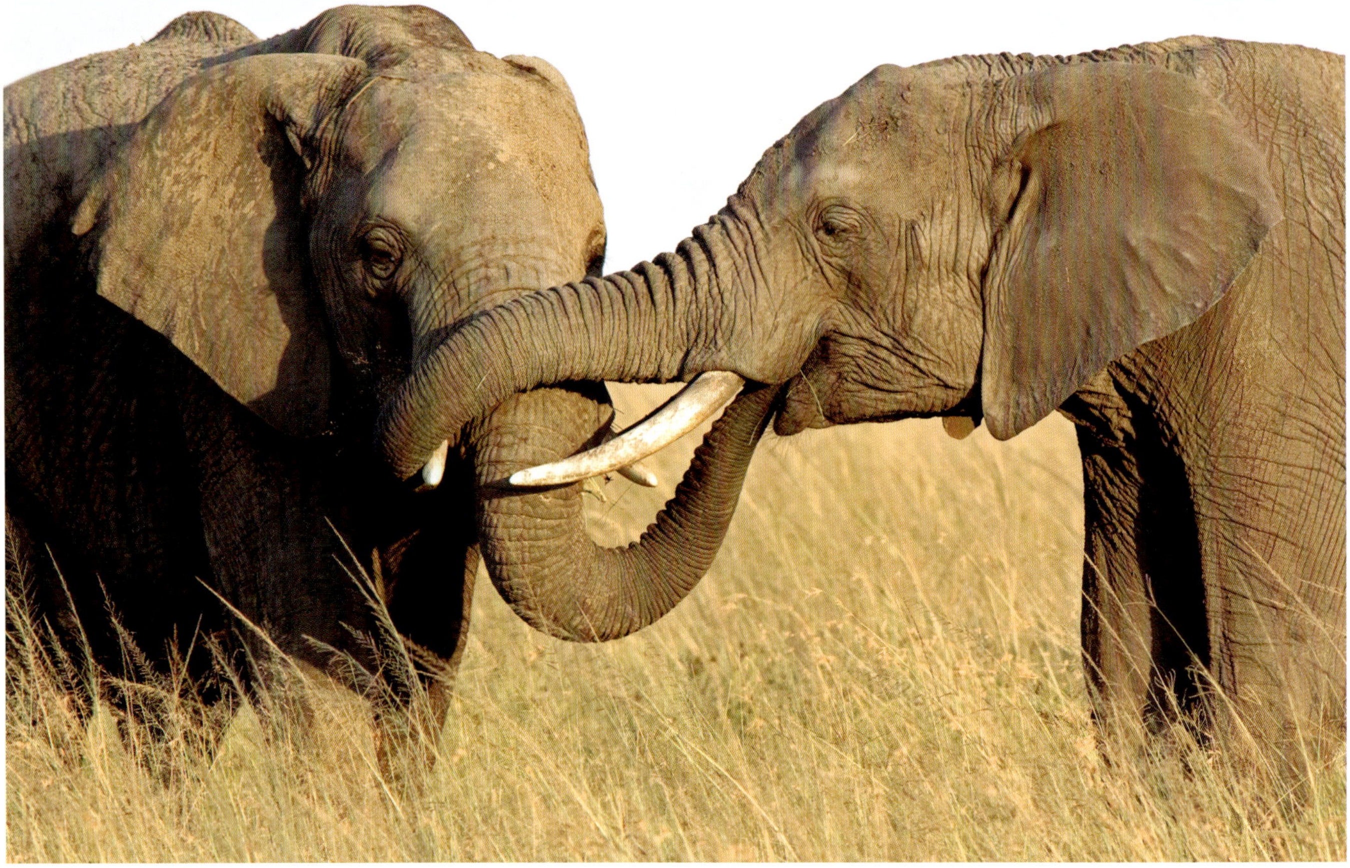

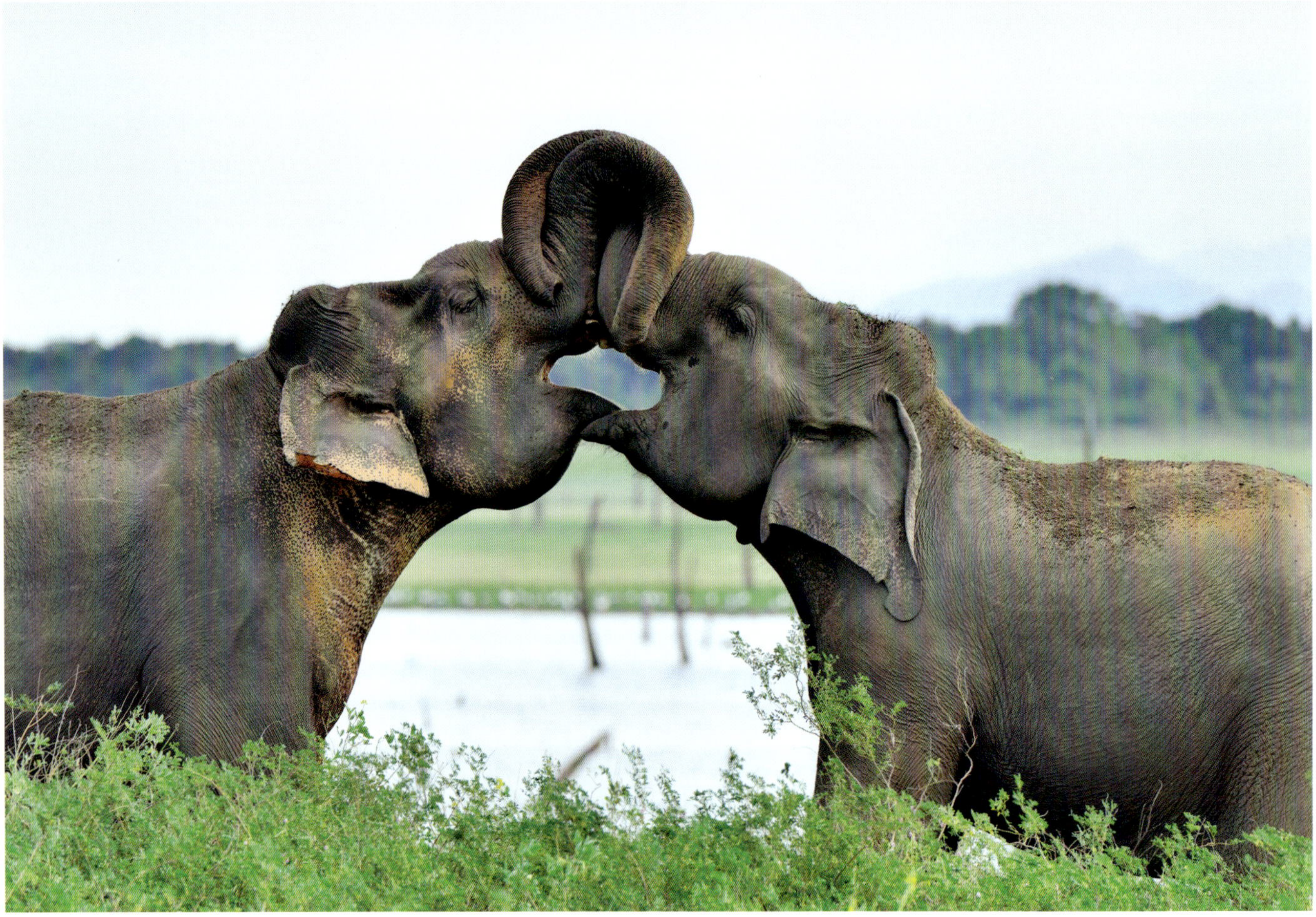

GEGENÜBERLIEGENDE SEITE OBEN

GETEILTES FRESSEN

Zwei Afrikanische Elefanten-
schwestern stärken ihre familiäre
Bindung, indem sie sich einen
Happen zum Fressen teilen – aus
dem Mund der jeweils anderen.
Weibliche Elefanten gehen sehr
sozial miteinander um und interagieren nicht nur zwischen ihrer
eigenen Herde, sondern auch
außerhalb davon.

GEGENÜBERLIEGENDE SEITE UNTEN

VERDREHTE RÜSSEL

Die Grenze zwischen einer spielerischen Begrüßung und einem
Angriff ist fließend. Hier begrüßen
sich zwei Sri-Lanka-Elefanten,
indem sie ihre Rüssel ineinander
verschlingen. Rivalisierende
männliche Elefanten tun fast das
Gleiche, setzen aber auch ihre
Stoßzähne ein, um die Stärke des
Gegners testen.

OBEN

ANGRIFF!

Neben dem Gewicht eines Klein-
lasters kann diese angreifende
Matriarchin auch mit dessen
Beschleunigung mithalten und
erreicht in wenigen Sekunden eine
Geschwindigkeit von 40 km/h.
Die meisten Angriffe sind eine
Täuschung, die Bedrohungen ab-
schrecken soll – aber verlassen
Sie sich nicht darauf!

WASSERSUCHE

Während der Trockenzeit sind alle Mitglieder einer Elefantenfamilie darauf fokussiert, Wasser zu finden. Sie lauschen dem Grollen des Donners, suchen nach dunklen Regenwolken und folgen dem Geruch von Wasser.

VON WASSER ANGEZOGEN

Viele Asiatische Elefanten werden in Gefangenschaft geboren und als Haustiere abgerichtet. Die Elefanten-farmen liegen üblicherweise in der Nähe eines Flusses, um den Elefanten das Leben angenehmer zu machen.

IMMER AM FRESSEN

Elefanten benötigen eine enorme Menge an Nahrung, deshalb sind sie ständig am Fressen. Im Durchschnitt vertilgt ein erwachsener Elefant 280 kg Futter am Tag, das sind zwei Drittel des Gewichts eines Pferdes.

AUSGETRETENE PFADE

Elefanten folgen häufig denselben Routen durch ihr Revier. Die Matriarchin, die die Gruppe anführt, kennt die Wege von ihrer Mutter oder Großmutter. Das Gehirn von Elefanten hat stark gewundene Temporallappen. Es wird vermutet, dass die Tiere dort ein Leben lang Erinnerungen abspeichern, wohin und wann sie gehen sollen.

OBEN

AUF EINER EBENE

Elefanten sind die größten afrikanischen Tiere, aber bei weitem nicht die zahlreichsten. Antilopen bilden riesige Herden, die sich mit den Elefanten die Savanne teilen.

GEGENÜBERLIEGENDE SEITE OBEN

AUGE IN AUGE

Ein Elefantenbulle macht eine beeindruckende Figur, aber der männliche Löwe vermittelt den Eindruck, er sei der Herrscher der Savanne. Dieses Aufeinandertreffen wurde im Serengeti-Nationalpark in Tansania fotografiert.

GEGENÜBERLIEGENDE SEITE UNTEN

RIVALEN

Männliche Elefanten tolerieren sich gegenseitig oder halten Abstand, aber wenn sie während der Paarungszeit von empfängnisbereiten Weibchen angezogen werden, lassen sich Konflikte nicht vermeiden. Diese Kämpfe werden frontal ausgetragen, die Stoßzähne werden eingesetzt und es wird so viel Lärm wie möglich gemacht.

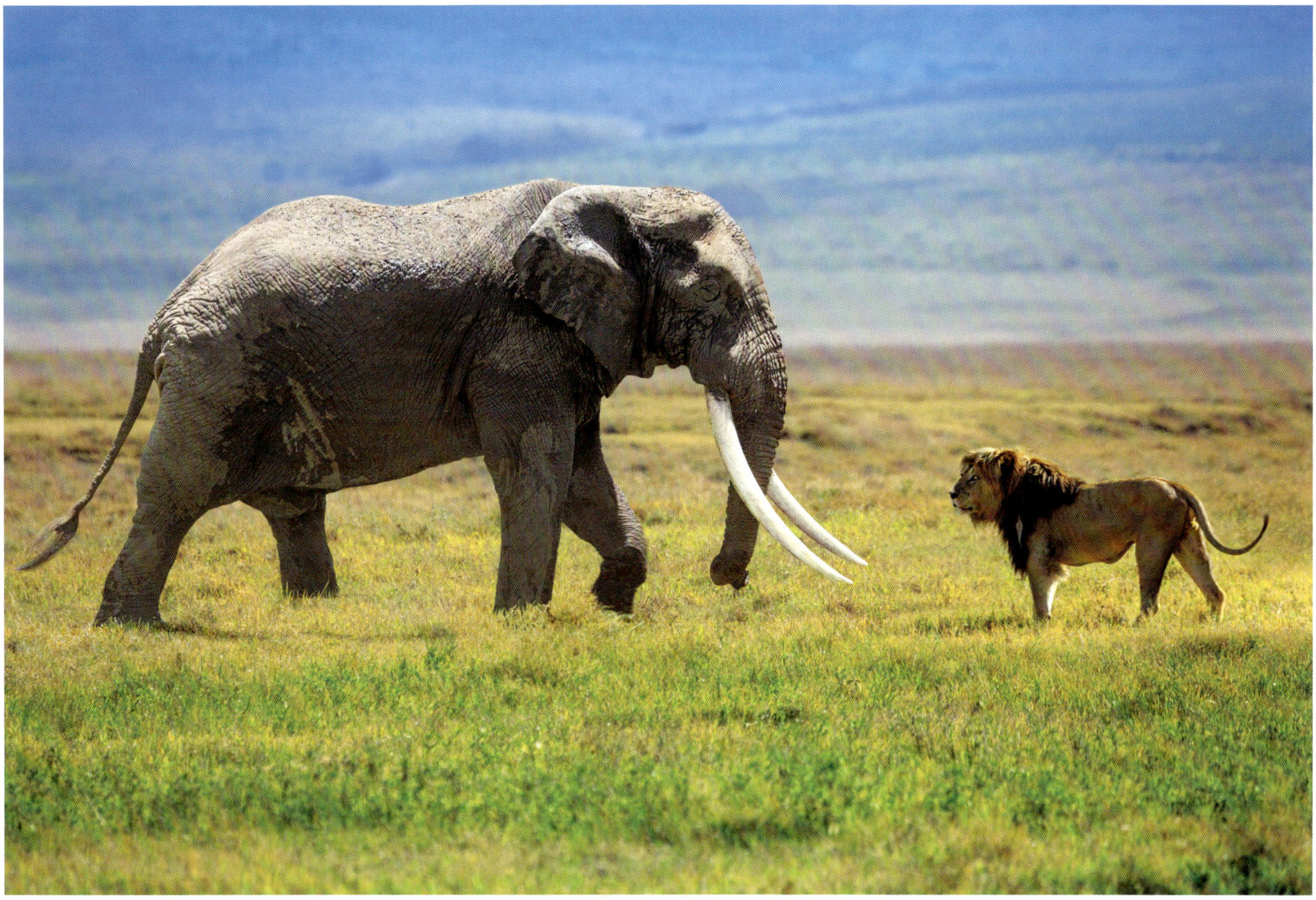

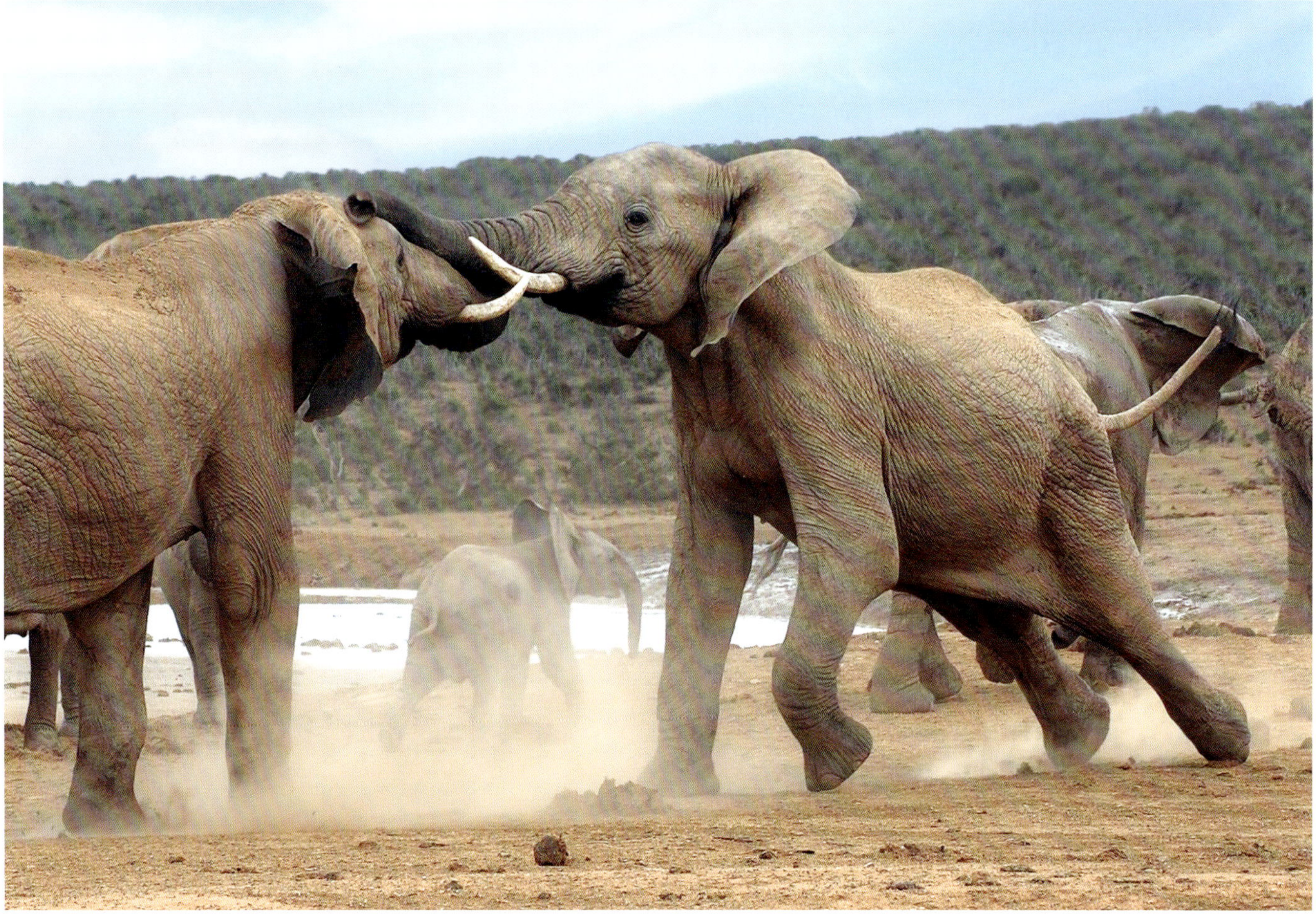

STÄNDIGE NAHRUNGSSUCHE

Das Leben eines Elefanten ist hauptsächlich durch
die unermüdliche Suche nach Nahrung geprägt, die
bis zu drei Viertel seiner Zeit in Anspruch nimmt.
Da die Nahrung der Elefanten aus qualitativ nicht
besonders hochwertigen Pflanzenteilen, wie Zweigen, Rinde, Blättern und Gras, besteht, benötigen
sie zum Ausgleich ein konstantes und großes Nah-
rungsangebot.

KURZES NICKERCHEN

Elefanten benötigen nicht so viel weniger Schlaf als
Menschen. Über den Tag verteilt schlafen sie ledig-
lich zwischen vier bis fünf Stunden, gerne auch im
Stehen. Dieser Elefant macht eine wohlverdiente
Pause, indem er sich an einen Baum lehnt.

OBEN

SCHARFER ZAHN

Afrikanische Elefanten halten ihre
Stoßzähne scharf, indem sie sie
an einem Ast oder einem Baum-
stamm reiben. Sie benutzen ihre
Stoßzähne zum Graben, zum
Zerreißen von Baumrinde, zur
Futtersuche, zum Tragen schwerer
Gegenstände und zum Abstützen
ihres schweren Rüssels.

GEGENÜBERLIEGENDE SEITE OBEN

ZÄHES FRESSEN

In entbehrungsreichen Zeiten
wechseln Elefanten beim Fressen
von Blättern und Gras zu Rinde,
Zweigen und sogar zu zerkleiner-
tem Holz. Die Nahrung wird mit
Hilfe von Magenbakterien ver-
daut. Diese Mikroben sind in der
Lage, Cellulose, den Hauptbe-
standteil der pflanzlichen Nahrung, abzubauen. Elefanten ver-
werten ihre Nahrung nur zu circa
40 Prozent, da sie ein weniger
effizientes Verdauungssystem
haben als etwa die Wiederkäuer.

GEGENÜBERLIEGENDE SEITE UNTEN

SCHWERTRANSPORT

Die große Stärke des Elefanten
und sein kräftiger Rüssel ermöglichen ihm den Zugang zu Nahrung, die für andere Pflanzen-
fresser unerreichbar ist. Dieser
Elefant drückt einen Baum zu
Boden, damit er dessen Blätter
erreichen kann.

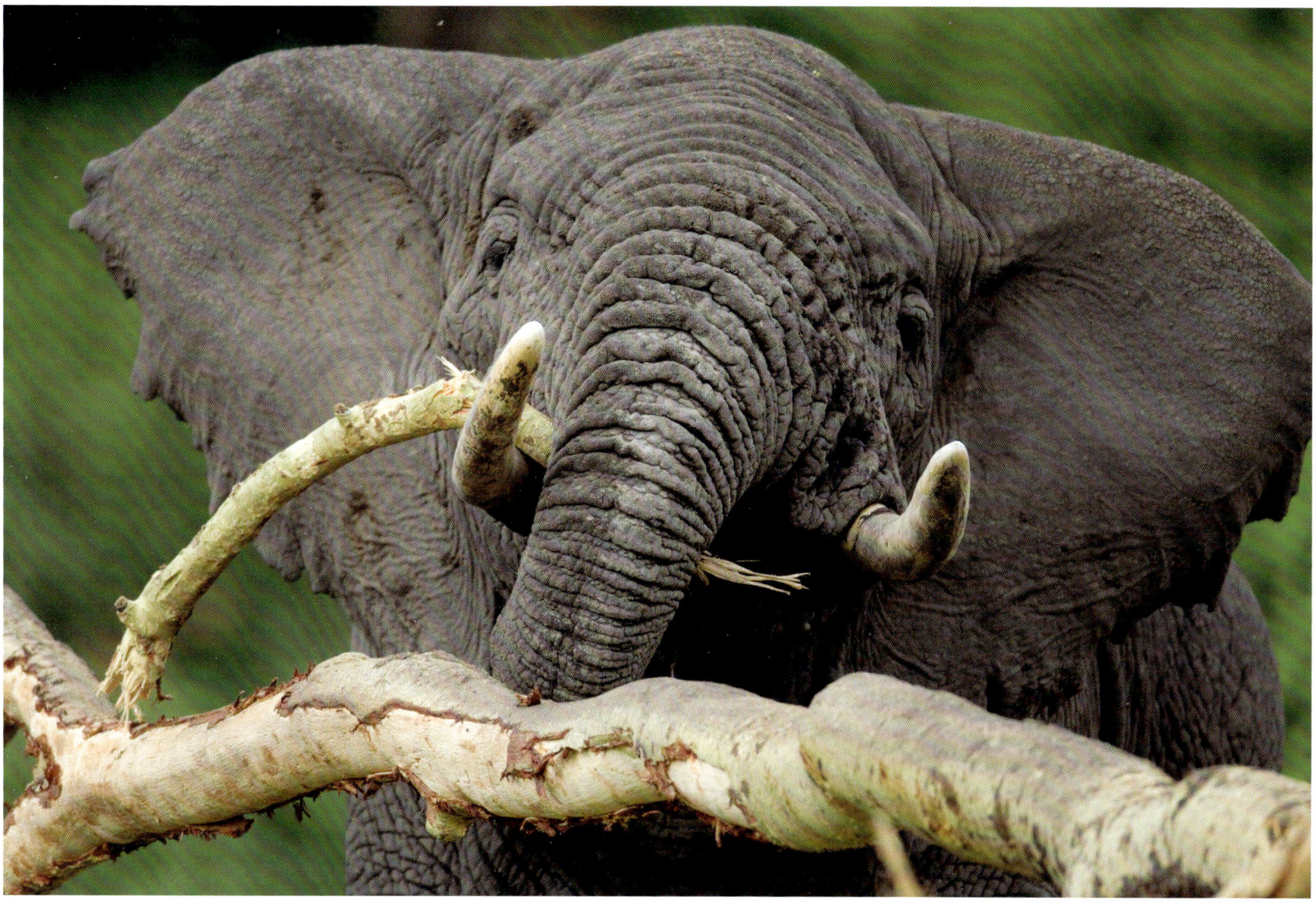

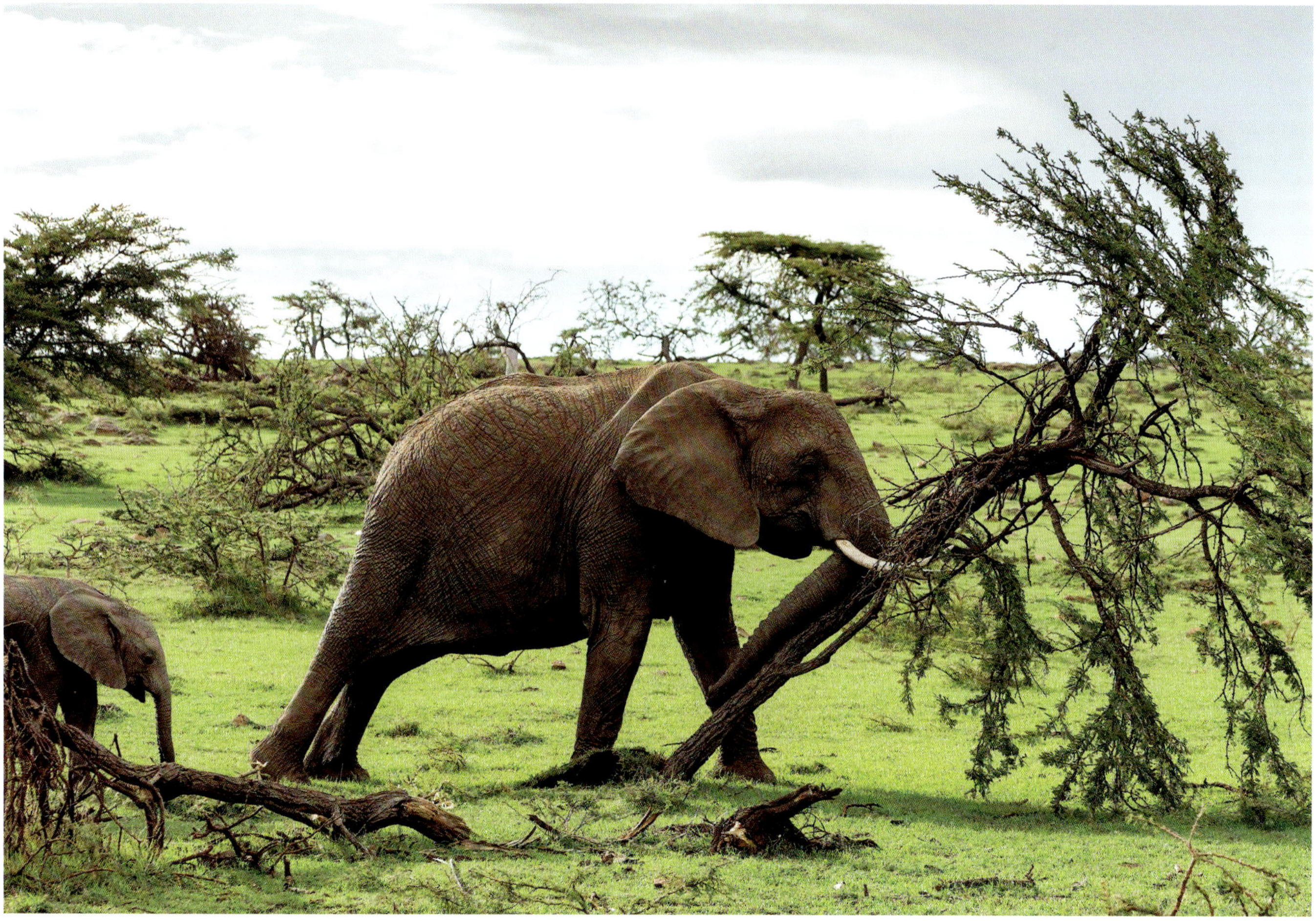

VIER KNIE

Elefanten sind die einzigen Tiere auf der Erde, die vier Knie bzw. Gliedmaßengelenke haben, die sich nach vorne beugen (Ellbogen gehen nach hinten). Diese Anordnung soll sicherzustellen, dass das Achsenskelett des Elefanten (die Gliedmaßen und andere periphere Strukturen) robust genug ist, um das Gewicht des Tieres zu tragen.

DIE KÖNIGIN DER EBENE

Ein Rudel Löwen stellt eine reale und akute Gefahr
für ein junges Elefantenkalb dar. Tagsüber liegen
Löwen gerne im Schatten und ruhen sich aus, bevor
sie in die Nacht hinausziehen, um zu jagen. Diese
Elefantenmutter ist nicht bereit, ihnen diese Chance
zu geben, und startet tagsüber einen Überfall, um die
Raubtiere zu vertreiben.

GEGENÜBERLIEGENDE SEITE

WANDERUNG

Das Okavango-Delta ist keine Flussmündung, wie
der Name suggeriert. Vielmehr ist es ein weit vom
Meer entferntes Binnendelta, das von einer Reihe
von Flüssen gespeist wird. Wenn der Rest des südli-
chen Afrikas austrocknet, strotzt das Delta noch vor
Wasser. Tausende afrikanischer Elefanten wandern
nun hierher, um sich an dieser Gabe zu erfreuen.

OBEN

SCHLAMMSCHLACHT

Die Liebe der Elefanten zum Wasser hat für sie auch einen Nachteil: Millionen an Insektenlarven – meist Blutsaugende Fliegen – leben in den Matschlöchern. Allerdings ist Schlamm auch das primäre Verteidigungsmittel gegen diese lästigen Schädlinge.

RECHTS

GROSSFAMILIEN

In der Regenzeit kommt der Afrikanische Elefant wieder zu einer größeren Familie zusammen oder versammelt sich sogar als Mehrfamilien-Clan, um in Gebiete zu wandern, in denen es reichlich Nahrung gibt.

TOLERANZ

In Zeiten des Überflusses ist die Elefantenfamilie eine harmonische Gemeinschaft. Sobald jedoch Nahrung und Wasser knapp werden, gerät diese Harmonie in Gefahr. Jüngere Mütter mit Kälbern entscheiden sich dann oft, ihren Anführer zu verlassen. Diese Aufteilung in kleinere Gruppen ist aber nur vorübergehend und die neuen Untergruppen behalten die Standorte der anderen Gruppen jederzeit im Auge.

DER WANDERER

Eine Familie Asiatischer Elefanten führt ein Nomadenleben, indem sie ein Waldgebiet von etwa 600 km² häufig durchwandert. Die Elefantenfamilie auf dem Bild lebt in Sri Lanka.

SALZE

Elefanten brauchen Salze, die in ihrer pflanzlichen Nahrung oft nicht vorhanden sind. Wasser, je schlammiger desto besser, kann diese Mineralien enthalten. Im Mount Elgon National Park in Kenia wurden Elefanten beobachtet, wie sie mit ihren Stoßzähnen salzigen Lehm aus unterirdischen Höhlen gruben. Sie ertasten den Weg im Dunkel mit ihren Rüsseln.

GEGENÜBERLIEGENDE SEITE

HALB VERDAUT

Weniger als 50 Prozent der Nährstoffe eines Elefantenmahls werden von dessen Darm extrahiert. Elefantenkot ist daher eine nützliche Nahrungsquelle für andere Tiere, wie zum Beispiel für den Mistkäfer.

OBEN

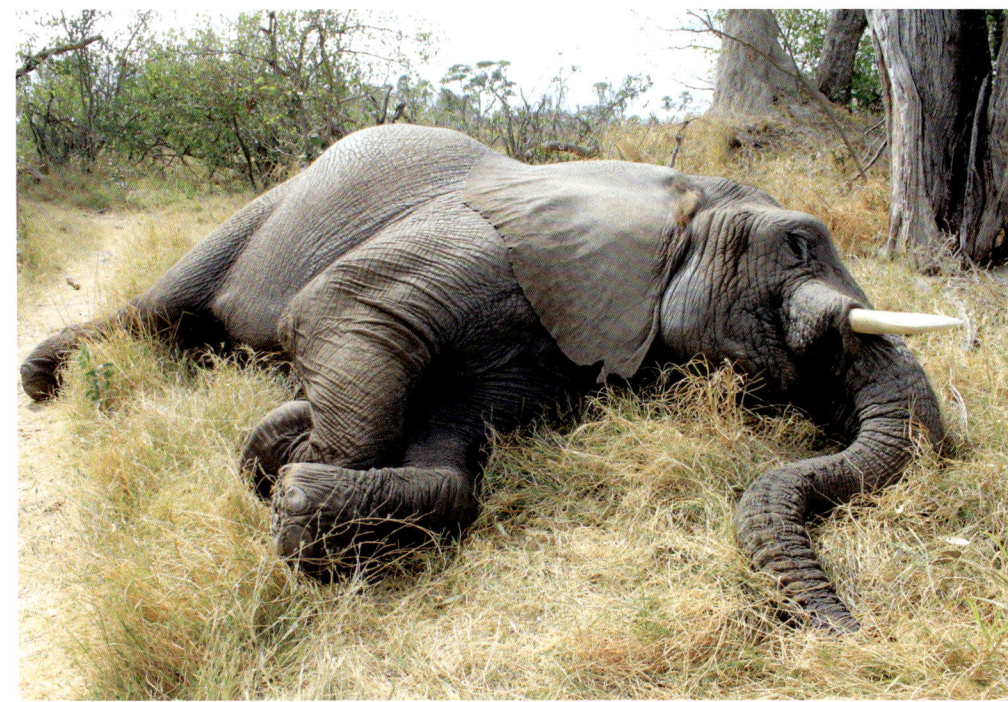

TIEFSCHLAF

Der überwiegende Teil des Schlafes eines Elefanten besteht aus einem leichten Dösen. Allerdings benötigt er von Zeit zu Zeit einen Tiefschlaf. Dazu muss sich der Elefant hinlegen, was er nur alle drei bis vier Tage für jeweils ein paar Stunden schafft.

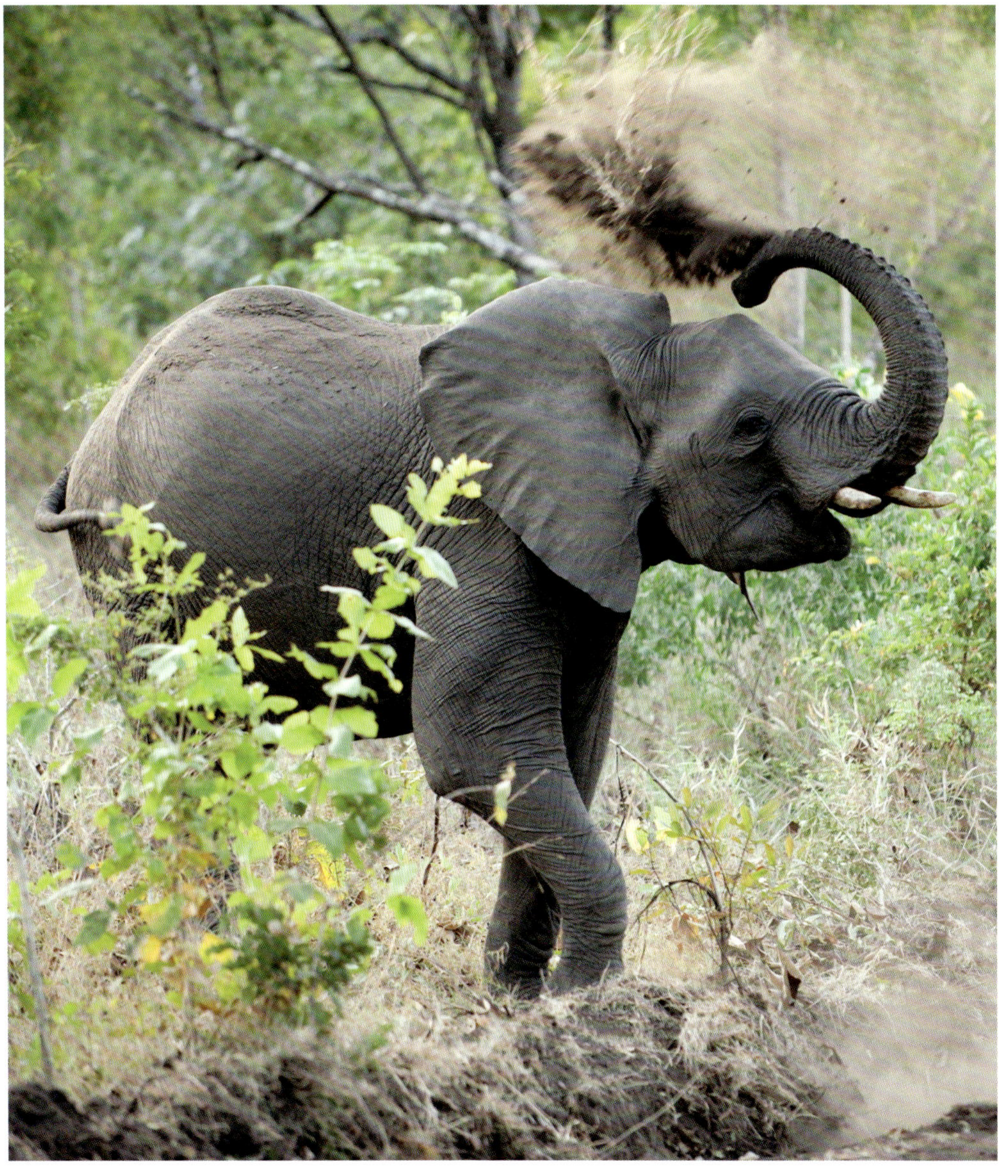

UNTEN

SCHMUTZIGE ANGEWOHNHEIT

Das nervige Summen einer Fliege und der irritierende Juckreiz auf der Haut werden von einem Sprühstrahl aus Staub vertrieben, den der Elefant mit seinem Rüssel vom Boden aufnimmt und auf seinen Rücken schleudert.

JUNGGESELLENABSCHIED

Nachdem sie gezwungen wurden, ihre Familie
zu verlassen, schließen sich Elefantenbullen oft
in kleineren, rein männlichen Herden zusammen.
Die sozialen Bande sind in diesen Gruppen um
einiges schwächer als in von Frauen angeführten
Gruppen.

DEN WEG FÜHLEN

Wenn der Elefant an einem unbekannten Ort nicht
sicher ist, welchen Weg er einschlagen soll, stößt er
mit seinem Rüssel auf den Boden vor ihm. Auf diese
Weise prüft er die Beschaffenheit des Weges und ob
dieser sein Gewicht aushalten wird. Erst nach be-
standenem Test setzt er seinen Weg fort.

SRI-LANKA-ELEFANTEN

Die auf der Insel Sri Lanka lebenden
Asiatischen Elefanten sind in der Regel
größer als die Tiere vom Festland und
aus Indonesien. Ein weiterer entschei-
dender Unterschied besteht darin, dass
nur wenigen der Elefanten aus Sri
Lanka Stoßzähne wachsen: Lediglich
bei etwa sieben Prozent der männlichen Elefanten sind Stoßzähne vorhanden und die weiblichen Elefanten
haben gar keine.

EIN RÜSSELVOLL

Der Rüssel eines erwachsenen Elefanten weist viele außergewöhnliche Merkmale auf – eines davon ist, dass er bis zu 6 Liter Wasser aufnehmen und auch verspritzen kann.

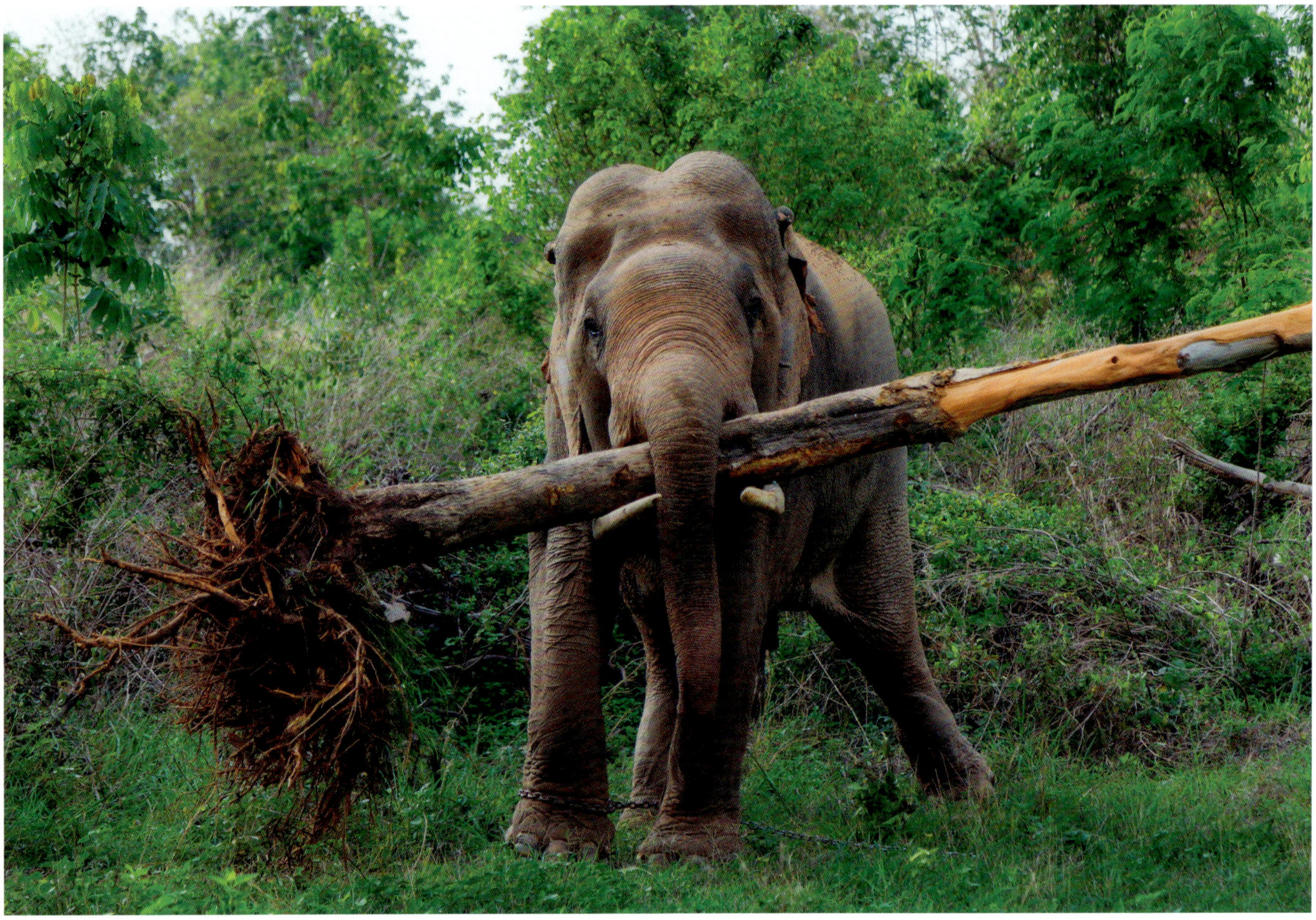

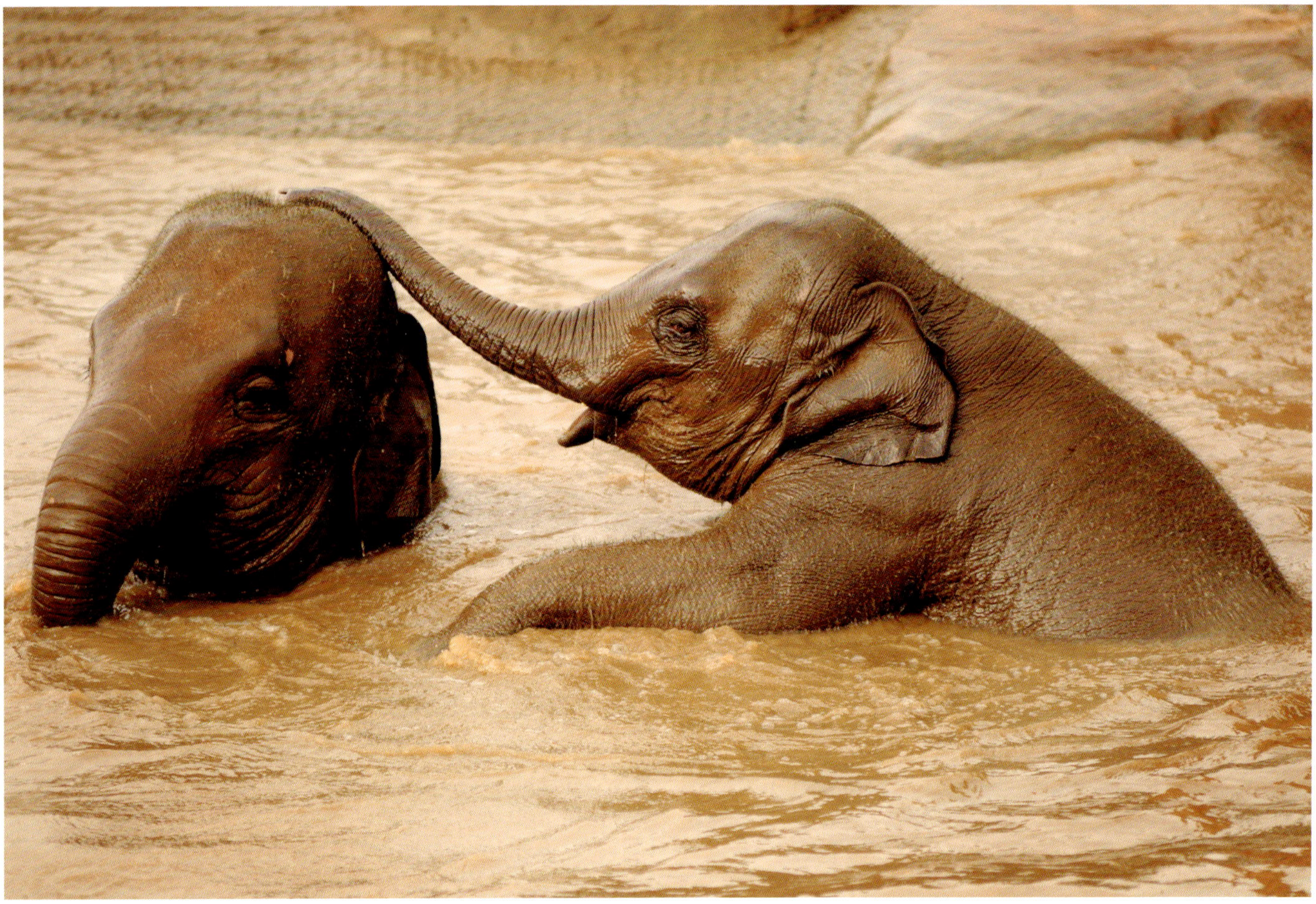

ARBEITSTAG

Eine große Anzahl Asiatischer Elefanten lebt in Gefangenschaft. Sie werden traditionell zum Tragen von Holz auf abgelegenen Baustellen im Dschungel, die von herkömmlichen Baumaschinen nicht erreicht werden können, eingesetzt.

ZOOTIERE

Asiatische Elefanten sind häufige Bewohner von Zoos, wie diese Kälber, die in Chester, England, ein Bad genießen. Die asiatischen Arten sind fügsam genug, um sicher gehalten zu werden. Fraglich ist allerdings, ob jede Einrichtung ihren Schützlingen auch genügend Raum zur Verfügung stellt. Afrikanische Elefanten werden aufgrund des Platzbedarfs und der höheren Gefahren für die Tierhalter seltener in Gefangenschaft gehalten.

BULLDOZER

Das von Elefanten besuchte Gebiet, wie dieses schlammige Wasserloch im Addo National Elephant Park in Südafrika, wird schnell von der Vegetation befreit, da die Tiere die Bäume in der Nähe entwurzeln und auch den letzten Zweig fressen.

WAISENHAUS

Als soziale Tiere werden Elefanten in Gefangenschaft unter Bedingungen aufgezogen, die den natürlichen so nahe wie möglich kommen. Diese verwaisten Asiatischen Elefanten werden mit nicht verwandten Elefanten in einer improvisierten Familie großgezogen, was ihnen größere Chancen auf ein normales Erwachsenenleben ermöglichen soll.

UNTEN ZUERST

Elefanten legen sich selten hin, aber wenn sie es tun, landen sie zuerst mit ihrem hinteren Ende auf dem Boden. Das Hinsetzen ist schon langsam, aber das Aufstehen ist noch viel langsamer. Das Manövrieren dieses riesigen Körpers erfordert viel Zeit und Mühe.

RÜCKLÄUFIGE ZAHLEN

Die Population wildlebender Elefanten ist weltweit so niedrig wie nie zuvor. In Asien leben schätzungsweise noch 50 000 Elefanten in freier Wildbahn, aber die Zahlen sind rückläufig. Die Population der wildlebenden Afrikanischen Elefanten beträgt lediglich noch 30 000 Exemplare. Nach Jahrzehnten des Rückgangs ist diese Zahl in den letzten Jahren glücklicherweise wieder angestiegen.

ELEFANTEN-GESCHICHTEN

Die Einheimischen glauben, dass alte Elefanten den Kilimandscharo, einen hohen Vulkan in Ostafrika, besteigen und sich in einen versteckten Krater stürzen, um darin zu sterben. Diese und andere Geschichten von Elefantenfriedhöfen sind allerdings reine Legenden.

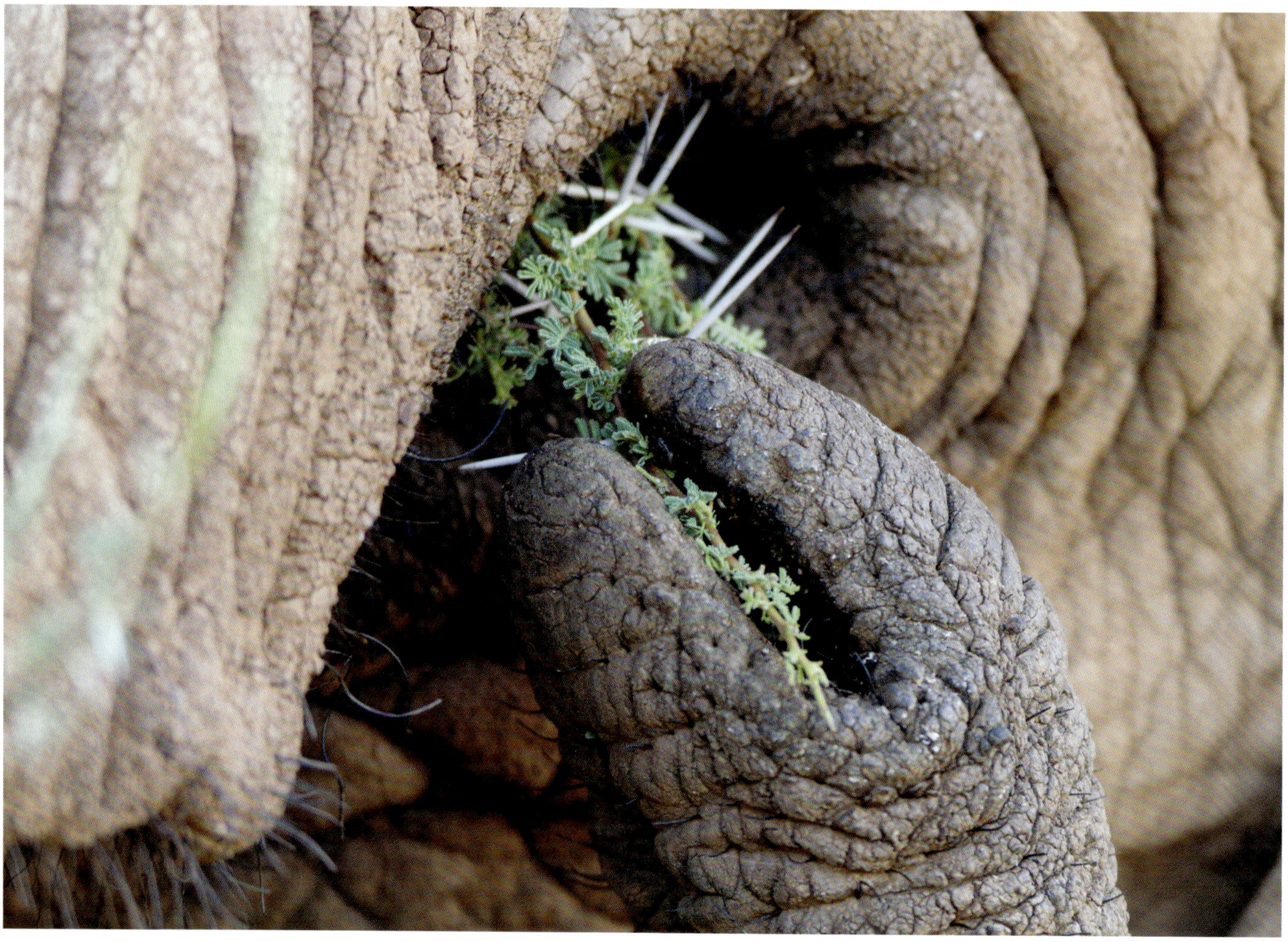

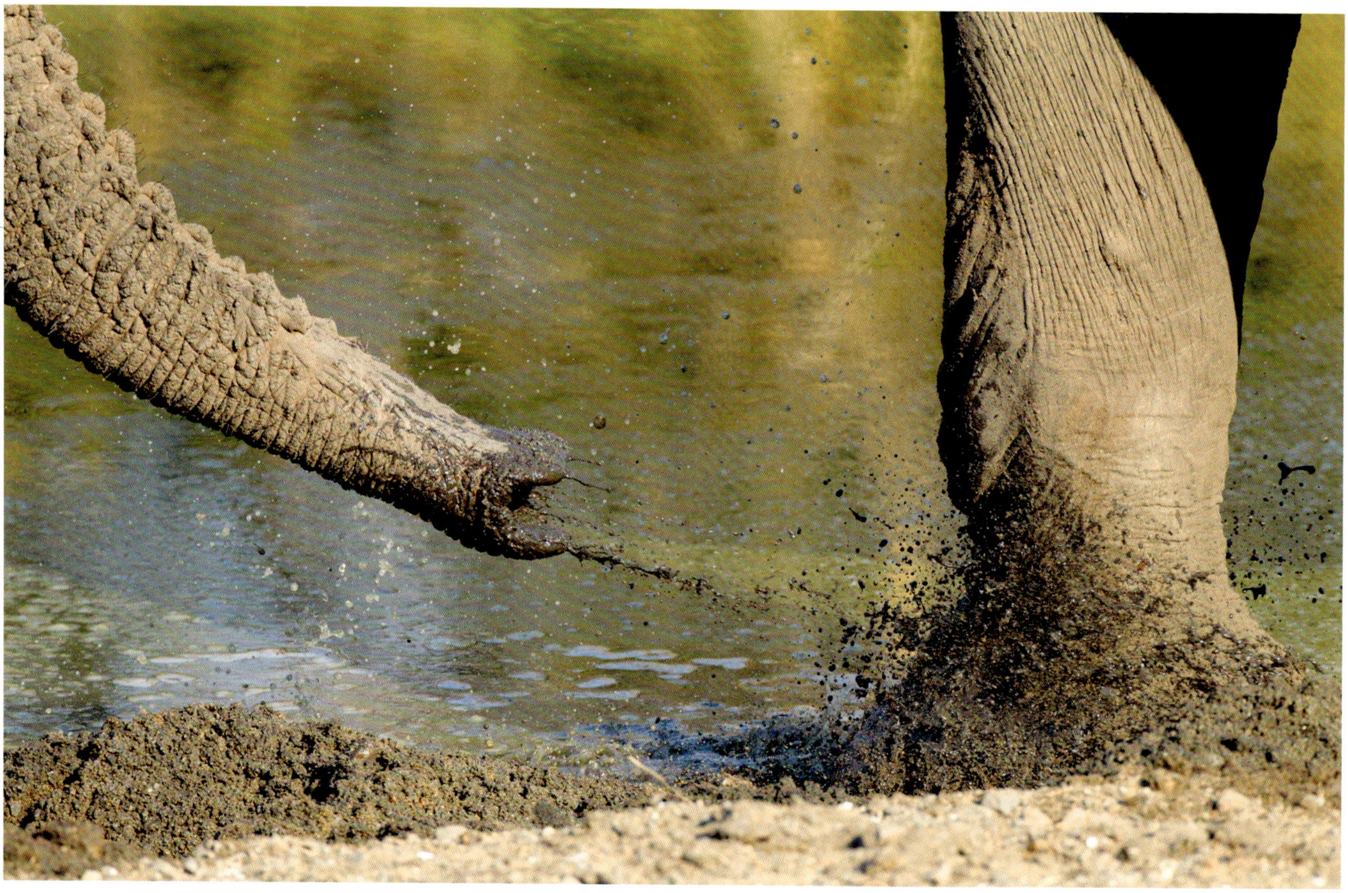

GEGENÜBERLIEGENDE SEITE OBEN

SAMEN

Die Pflanzen, die von Elefanten gefressen werden, sind auch auf diese großen Tiere angewiesen, da diese den Pflanzensamen verteilen. Die Samen passieren den Darm der Elefanten und werden weit entfernt von der Mutterpflanze in einem dampfenden Haufen natürlichen Düngers deponiert.

GEGENÜBERLIEGENDE SEITE UNTEN

RAUPUTZ

Ein Elefantenbulle spritzt sich Schlamm auf sein Bein, um Fliegen und andere lästige Insekten zu verjagen, die auf seiner Haut gelandet sind.

OBEN

RÜSSELMUSKELN

Der Rüssel wird mit Hilfe von 16 Hauptmuskeln bewegt, die sich an der Oberseite und an der Seite befinden. Diese erzeugen die großflächigen Bewegungen, die den Rüssel nach oben und von einer Seite zur anderen heben. Kleinere Muskeln werden für feinere Bewegungsabläufe benutzt.

Die Bedürfnisse eines Elefanten, wie dieses einsamen Männchens, stehen nur selten mit denen anderer Ebenenbewohner im Konflikt. Dennoch halten die meisten anderen Tiere, einschließlich dieser Impalas, lieber sicheren Abstand.

HILFREICHE FALTEN

Die faltige Haut dieses Bullen sieht zwar beschädigt und pflegebedürftig aus, aber die tiefen Rillen in der Haut helfen dabei, Wasser einzufangen und die Haut noch lange nach Beendigung des Bades mit Feuchtigkeit zu versorgen.

GEGENÜBERLIEGENDE SEITE

AKTIONSRAUM

Die Größe des Aktionsraums eines Afrikanischen
Elefanten hängt von der Beschaffenheit seines
Lebensraums ab. Im saftigen Grasland Tansanias
gibt sich eine Familie mit nur 10 km² zufrieden,
in der trockenen Halbwüste Namibias benötigt
sie hingegen bis zu 18 000 km².

OBEN

PAARUNGSZEIT

Das Wort „Musth" bedeutet in Hindi „berauscht"
und bezieht sich auf die Art und Weise, wie der Geruch der Gesichtssekrete und die Tropfen des Urins
der weiblichen Elefanten die ankommenden Bullen
in einen Rausch versetzen. Alles ist dann erhöht:
Blutdruck, Herzfrequenz und Kampfbereitschaft.

RECHTS UNTEN

WÜHLEN UM ZU ÜBERLEBEN

Wenn in Tümpeln und Flüssen kein Wasser mehr
vorhanden ist, heben die Elefanten die schlammigen
Ufer mit ihren Stoßzähnen bis zum Grundwasser-
spiegel aus – oft leider nur mit begrenztem Erfolg.

GEFIEDERTER FREUND

Ein Kuhreiher reitet auf dem Rücken eines Elefantenkalbs. Normalerweise folgt der langbeinige Vogel einer Herde von Elefanten und schnappt sich dabei Insekten und andere kleine Kreaturen, die um die riesigen Tiere herumschwirren.

UMHERSTREIFEN

Wenn die Nacht hereinbricht, beginnt eine Elefantenfamilie umherzustreifen. Sie nehmen Fahrt auf – allerdings nur bis zu 4 km/h – und bewegen sich in einer geraden Linie durch ihr Heimatgebiet. Das Umherstreifen hat etwas Mystisches. Es geschieht zumeist auf ausgetretenen Pfaden und kann eine Möglichkeit für die Matriarchin sein, ihre Familie durch ein Gebiet zu führen, das sich in der Vergangenheit als zu gefährlich erwiesen hat.

DIE ELEFANTENKÄLBER

Wenn der Regen kommt, kommt für die Elefanten auch die Zeit der Liebe. Eine erfolgreiche Paarung in der Regenzeit stellt sicher, dass das Kalb – nach einer Tragezeit von fast zwei Jahren – zur gleichen Jahreszeit geboren wird, und das wiederum bedeutet, dass die Mutter dann reichlich Wasser zur Verfügung hat, um ihr Neugeborenes mit Milch zu versorgen. Zwar können sowohl Asiatische als auch Afrikanische Elefanten zu jeder Zeit des Jahres für Nachwuchs sorgen und natürlich beratschlagen sie sich nicht bezüglich der Familienplanung. Allerdings ist eine Mutter erst zwei oder drei Jahre nach der Geburt wieder paarungsbereit, und insofern sind Paarungs- und Regenzeit letztlich aufeinander abgestimmt.

Nach der Geburt wird das Kalb in die Familie aufgenommen. Bei anderen sozialen Tieren, von Hirschen bis zu Löwen, ziehen sich Mütter häufig aus der Gruppe zurück, um ungestört zu gebären und stellen dann den Neuankömmling dem Rest ihrer Gruppe vor. Bei Elefanten verhält es sich komplett anders: Hier nehmen eine oder zwei Schwestern oder Cousinen als Hebammen an der Geburt teil. Sobald das Kalb geboren ist, kommt die ganze Familie zusammen, um es mit Rüsselklopfen zu begrüßen. Dabei lernen alle gegenseitig ihren Duft kennen. Die Aufzuchtstrategie der Elefanten scheint zu funktionieren, denn 95 Prozent der Kälber überleben bis ins Jugendalter – eine Erfolgsquote, die bei anderen Wildtieren kaum zu erreichen ist.

GEGENÜBERLIEGENDE SEITE

LANGE KINDHEIT

Dieses Kalb muss sich nicht beeilen. Es wird mindestens 12 Jahre dauern, bis es ausgewachsen ist und es wird noch bis zum Alter von 17 Jahren von den Ältesten der Familie lernen.

BERÜHRUNGEN

Der Tastsinn ist für ein Elefantenkalb sehr wichtig. Es beginnt von Geburt an, seinen Rüssel zu benutzen, um seine Umgebung und seine Spielkameraden zu erkunden. Es ist bekannt, dass Kälber an ihrem eigenen Rüssel saugen, so wie neugeborene Menschenbabys an ihrem Daumen nuckeln.

FESTE NAHRUNG

Wie alle Säugetiere bekommen Elefantenkälber anfangs eine flüssige Nahrung, die nur aus Muttermilch besteht. Obwohl dieses Elefantenbaby es bereits spielend ausprobiert, wird es erst im Alter von vier Jahren seine gesamte Nahrung selbst sammeln.

UNTEN

ERSTE SCHRITTE

Elefantenkälber sind relativ frühreif: Sie können bereits etwa 30 Minuten nach der Geburt stehen und innerhalb einer Stunde laufen – allerdings nicht allzu schnell.

GEGENÜBERLIEGENDE SEITE

AUGEN AUF

Elefantenkälber werden mit offenen Augen geboren. Bei der Geburt sind sie nur 1 m hoch, aber sie wachsen schnell, nämlich 2–3 cm pro Monat.

STILLEN

Elefantenkühe haben zwei Brustdrüsen zwischen den Vorderbeinen. Das Kalb saugt mit seinem Mund und nicht mit dem Rüssel, wie man es vielleicht erwarten würde. Es trinkt drei Monate lang nur Milch und beginnt dann, mit festen Nahrungsmitteln zu experimentieren.

GEWICHT

Ein Afrikanischer Elefant wiegt bei seiner Geburt ungefähr 120 kg. In den ersten Wochen seines Lebens wird er jeden Tag um 500 g schwerer.

Elefantenkälber bleiben eigentlich immer in der Nähe ihrer Mutter, aber dieses hier hat für eine kurze Zeit die Sicherheit an ihrer Seite verlassen.

MEHRLINGSGEBURTEN

Zwillingsgeburten sind bei Elefanten sehr selten.
Weniger als eine von 100 Geburten bringt mehr
als ein Kalb hervor. Die Mutter ist jedoch unter
günstigen Bedingungen in der Lage, beide Kälber
aufzuziehen.

SPIELERISCH LERNEN

Wie alle Säugetierbabys, so lernt auch das Elefantenkalb spielerisch, sich um sich selbst zu kümmern, sich
zu pflegen und das Verhalten der Erwachsenen in der
Familie nachzuahmen.

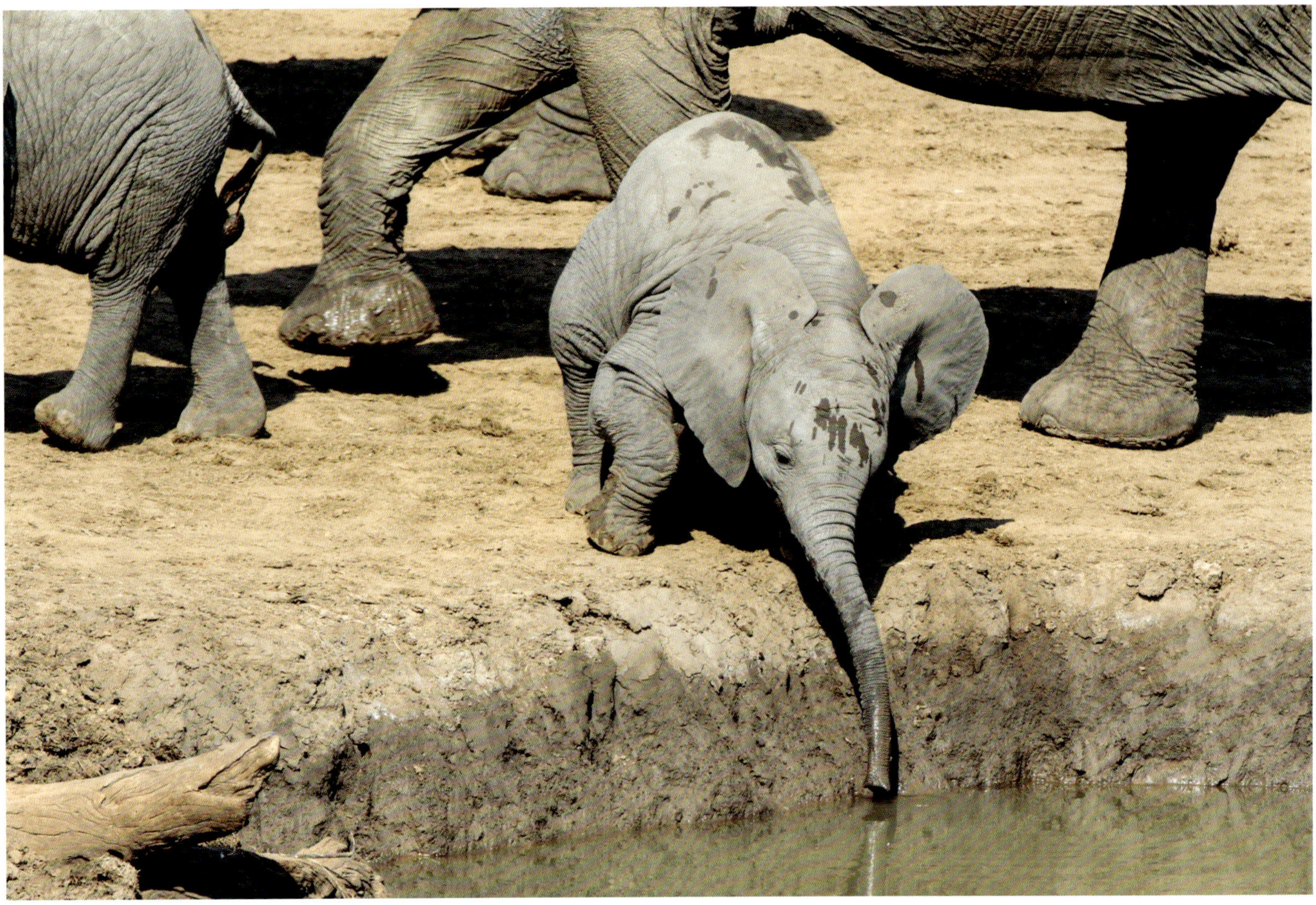

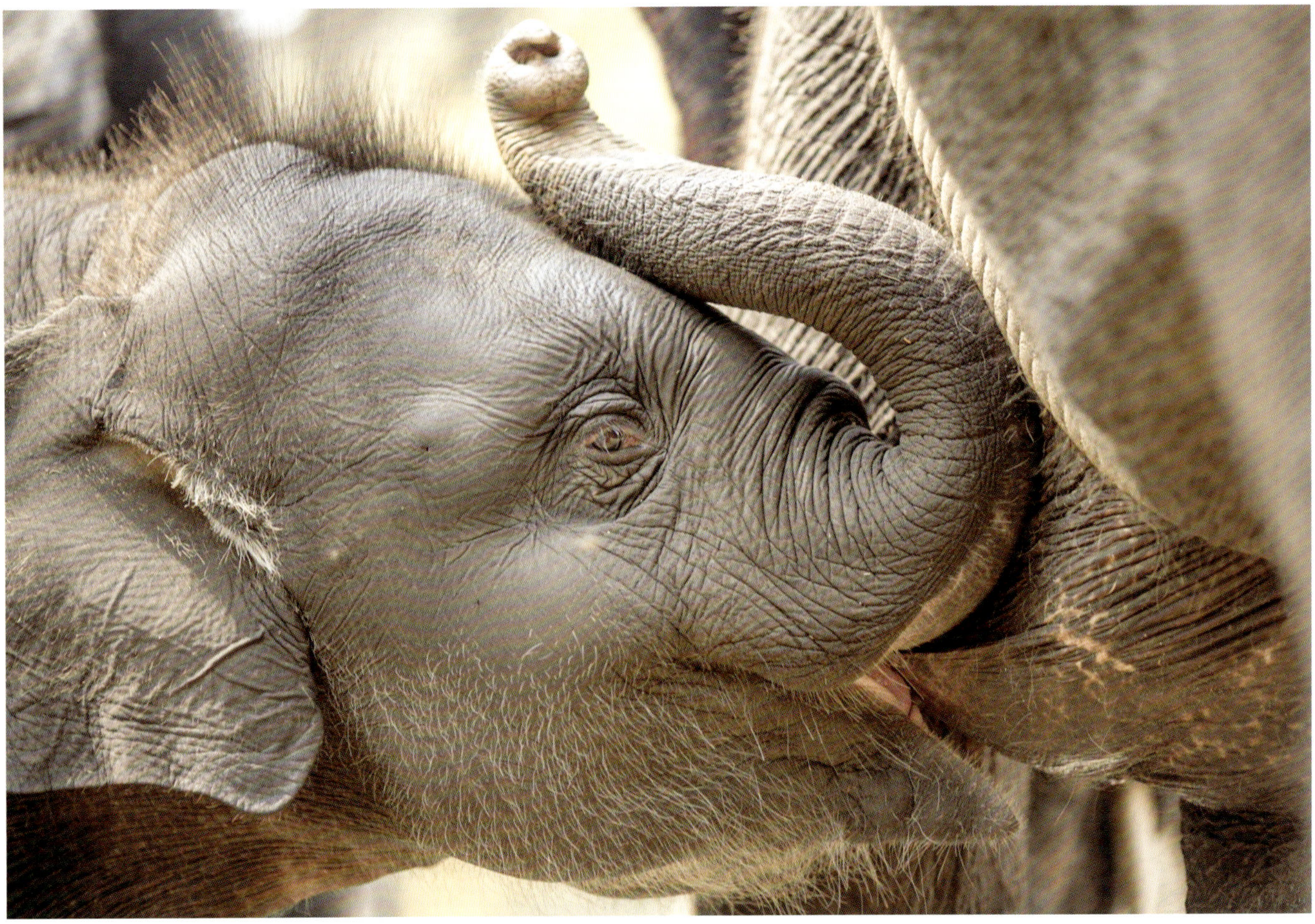

GEGENÜBERLIEGENDE SEITE OBEN

RÜSSELÜBUNGEN

Es dauert mehrere Monate, bis das Kalb die volle Kontrolle über seinen Rüssel erlangt. Es unternimmt viele Versuche und muss einige Rückschläge einstecken, bis es die vielen beteiligten Muskeln reibungslos steuern kann.

GEGENÜBERLIEGENDE SEITE UNTEN

MILCHKONSUM

In den ersten drei bis vier Lebensmonaten trinken Elefantenbabys unvorstellbare Mengen an Milch. Durchschnittlich sind dies pro Tag bis zu 11 Liter reichhaltige und überaus fettreiche Milch.

OBEN

WACKELIGE BEINE

Das Elefantenbaby lernt, die Kontrolle über seinen massiven Körper zu erlangen und ihn vielfältig einzusetzen, z. B. im Schlammbad zu rollen, schwimmen zu gehen oder Gras vom Boden zu reißen. Dabei muss der kleine Elefant ein paar Stürze erleiden.

EINE LANGE ZEIT

Die Schwangerschaft dauert bei Afrikanischen Elefanten insgesamt 22 Monate. Bei Asiatischen Elefanten ist sie ca. ein bis zwei Monate kürzer. Dies liegt vor allem daran, dass die Elefanten kleiner zur Welt kommen. Beide Arten haben jedoch die längste Schwangerschaft aller Säugetiere. Selbst ein Blauwal ist nur 12 Monate schwanger.

OBEN

WACHSTUMSRATE

Männliche Elefantenkälber wachsen schneller als weibliche. Beide erreichen jedoch mit ungefähr sechs Jahren ein Gewicht von über einer Tonne. Im Alter von 15 Jahren verlangsamt sich zwar die Wachstumsrate, aber das Tier wächst dennoch weiter.

UNTEN

HAARIGE ANGELEGENHEIT

Alle Elefanten, vor allem die Asiatischen, kommen stark behaart auf die Welt. Der dicke Haarschopf auf Kopf und Rücken hilft dabei, die schlimmsten Auswirkungen der Sonneneinstrahlung abzuwehren.

GEGENÜBERLIEGENDE SEITE

GEWICHT

Bei seiner Geburt wiegt ein Asiatisches Elefantenbaby ungefähr 100 kg. Es benötigt im Gegensatz zum Afrikanischen Elefanten ein wenig länger – insgesamt 14 Jahre – um die Größe eines Erwachsenen zu erreichen.

GERUCHSSINN

Ein neugeborenes Kalb riecht zuallererst den Dung seiner Mutter. Dieser unverwechselbare Duft schafft eine besondere Verbindung zwischen Mutter und Kind. Auch hat die Elefantenfamilie einen Gruppenduft, den die Kälber schon früh kennenlernen und anhand dessen sie ihre Sippe identifizieren.

REGENZEIT

Dieser kleine Afrikanische Elefant gönnt sich ein Bad im Matsch. Das zeigt uns, dass er zu einer Jahreszeit geboren wurde, in der Wasser im Überfluss vorhanden ist, und saftiges Gras und andere Pflanzen für die kommenden Monate üppige Nahrung liefern werden.

UNTEN

ZEIT ZUM SPIELEN

Während die älteren Elefanten hart daran arbeiten, Nahrung zu finden, indem sie Äste herunterziehen und zarte Wurzeln ausgraben, hat dieses Kalb viel Zeit zum Laufen und Spielen.

GEGENÜBERLIEGENDE SEITE OBEN

DURCHHALTEVERMÖGEN

Wenn die Herde sich in Bewegung setzt, müssen die Kälber mithalten. Sie werden von ihren Müttern mitgerissen, um nicht hinter die Familiengruppe zurückzufallen.

GEGENÜBERLIEGENDE SEITE UNTEN

UNABHÄNGIG AUFWACHSEN

Ab ihrem 12. Lebensjahr wird von den Elefantenkälbern erwartet, dass sie sich um sich selbst kümmern. Nichtsdestotrotz bleiben sie von der Matriarchin abhängig. Männliche Elefanten werden im Alter von 15 Jahren von den alten Elefantenkühen aus der Gruppe verstoßen. Dies erfolgt kurz bevor ihre Schwestern und Cousinen selbst ihre ersten Elefantenkälber bekommen.

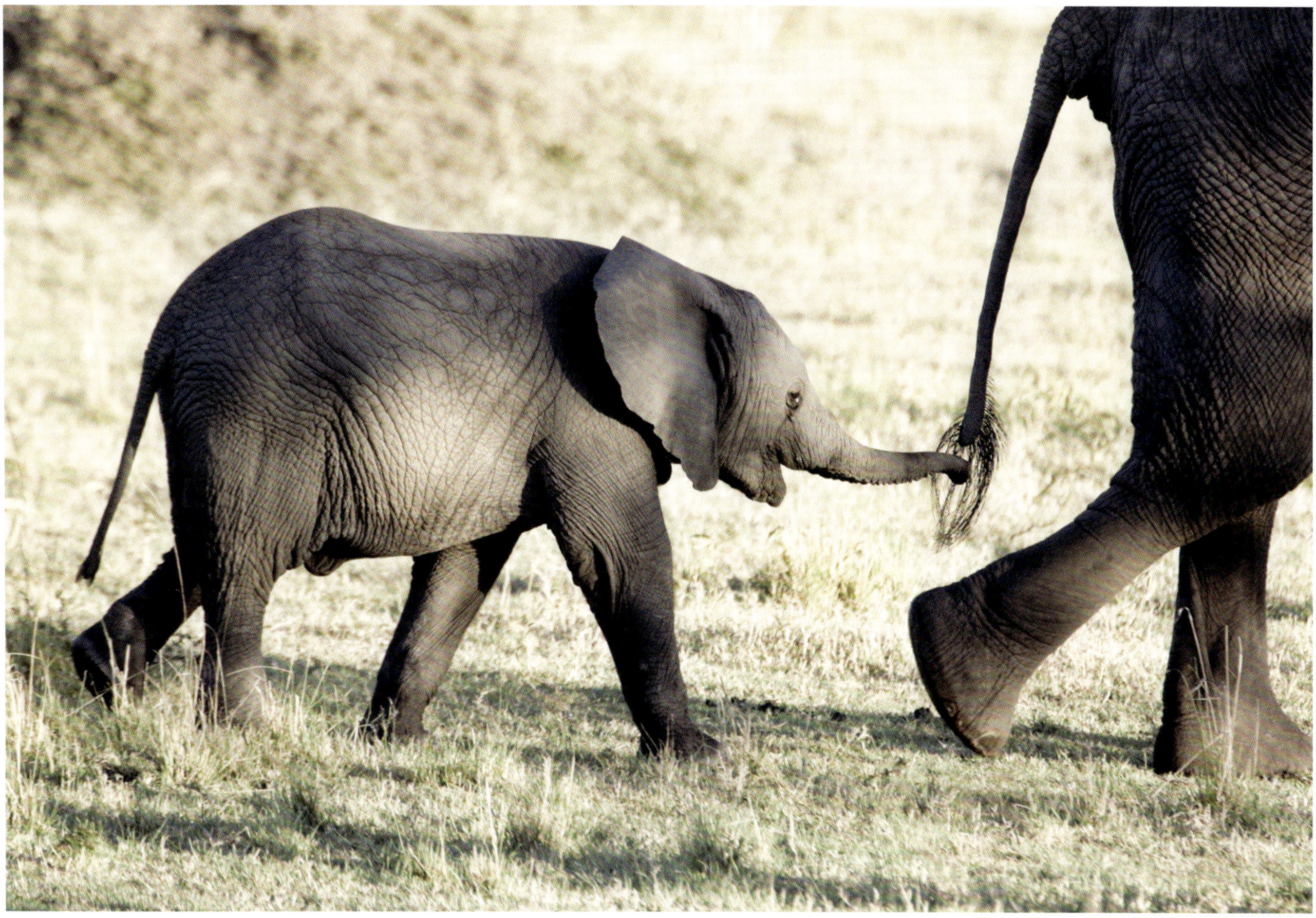

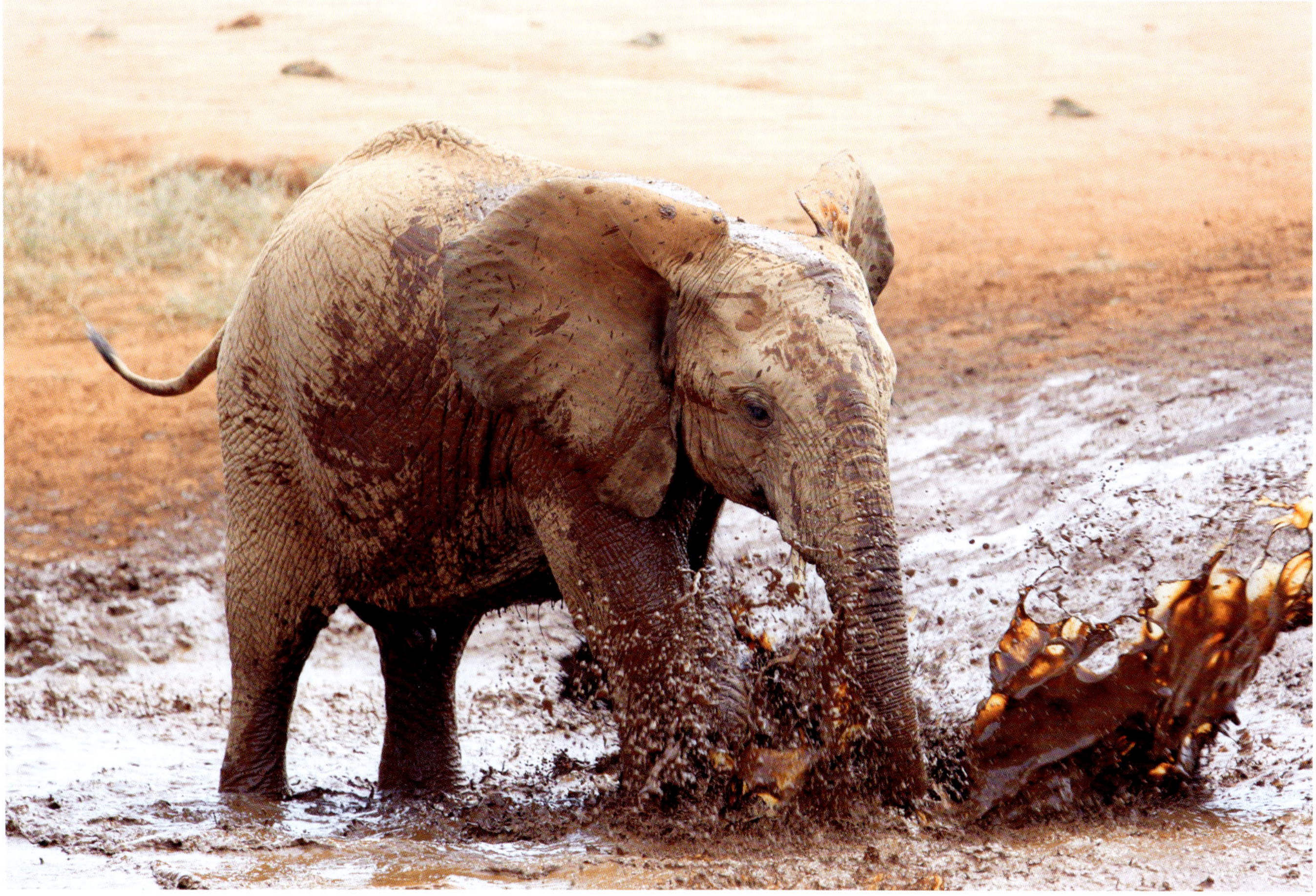

OBEN

ENTWÖHNUNG

Ein Kalb beginnt, sich von der Muttermilch zu entwöhnen, indem es die vorgekauten Lebensmittel aus dem Mund seiner Mutter und seiner älteren Geschwister herausholt. Hierdurch werden dem Kalb auch gesunde Magenbakterien verabreicht. Diese kann es auch erhalten, indem es kleine Mengen des Dungs seiner Mutter frisst.

RECHTS

SCHUTZ

Obwohl es vom ersten Tag an mehr wiegt als ein erwachsener Mann, schützen die älteren Elefanten das Kalb. Eine große Raubkatze oder ein Rudel Jagdhunde würden nicht zögern, wenn sie die Gelegenheit bekämen, das Kalb zu töten.

UNSELBSTSTÄNDIG

Der sicherste Ort für das kleine Kalb befindet sich zwischen den baumstammdicken Beinen seiner Mutter oder mitten in der Herde. Kein Raubtier würde es dort angreifen.

IN GEFANGENSCHAFT AUFWACHSEN

Rund ein Drittel der Asiatischen Elefanten wird in Gefangenschaft geboren und großgezogen. Leider werden sie dann entweder als Arbeitstiere oder in der Tourismusbranche eingesetzt.

FÜTTERUNGSZEIT

Die Elefantenkuh stillt immer nur im Stehen, daher muss auch das Kalb stehen. Der Rüssel wird über ein Auge zurückgerollt, damit er nicht dem hungrigen Mund im Wege ist.

KAUEN

Das Kalb wird mit den ersten vier Backenzähnen geboren, die schon nach kurzer Zeit einsatzbereit sind. Somit kann es beginnen, an den Zweigen und Blättern zu fressen, die für die nächsten 70 Jahre seine Nahrung sein werden.

KURZE PAUSE

Geboren zu werden ist harte Arbeit. Die Hebammen oder die Pflegemütter helfen dabei, das Baby nach seiner Ankunft zu säubern. Danach wird ihm eine kurze Pause gegönnt, bevor ihm auf die Füße geholfen wird.

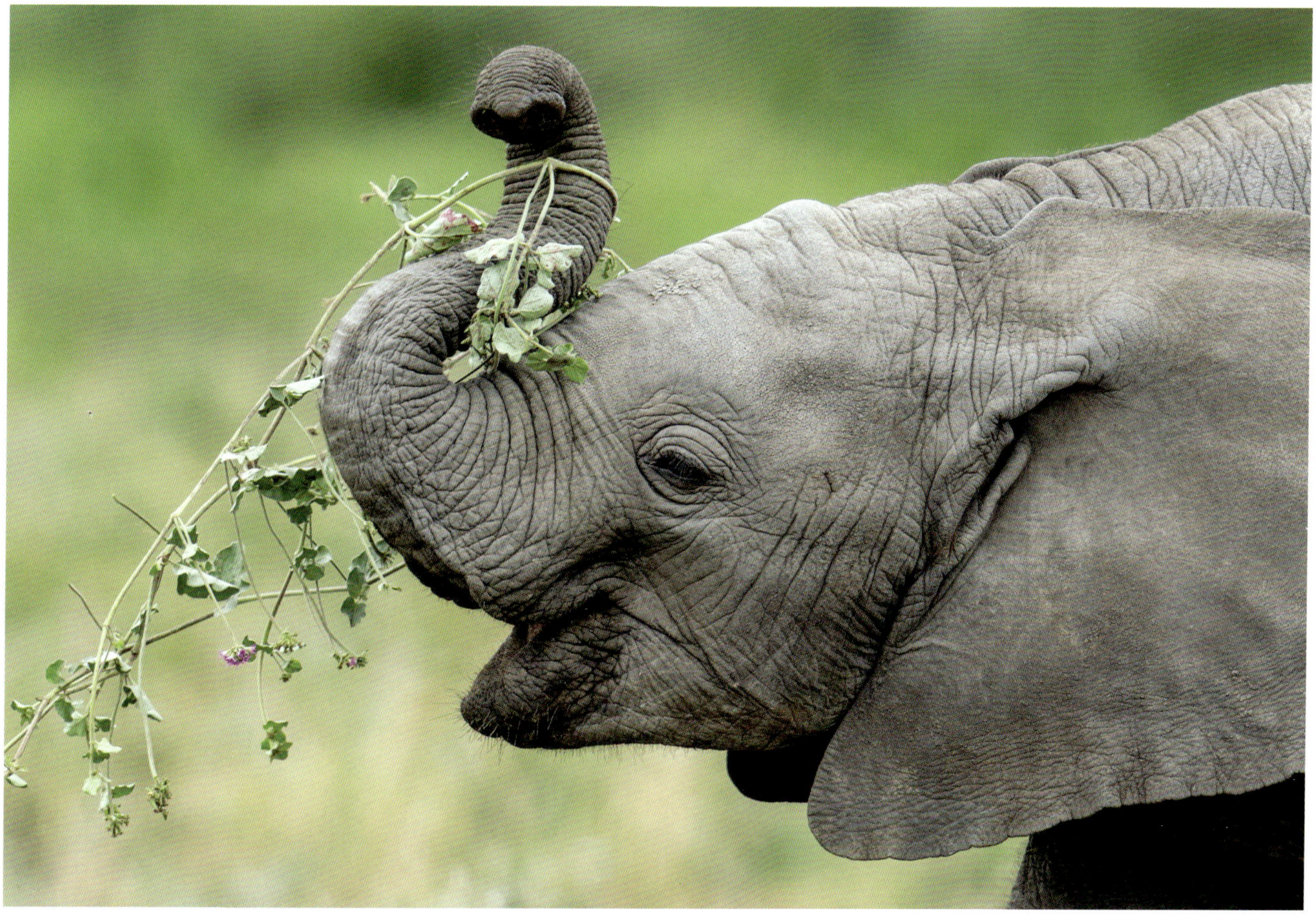

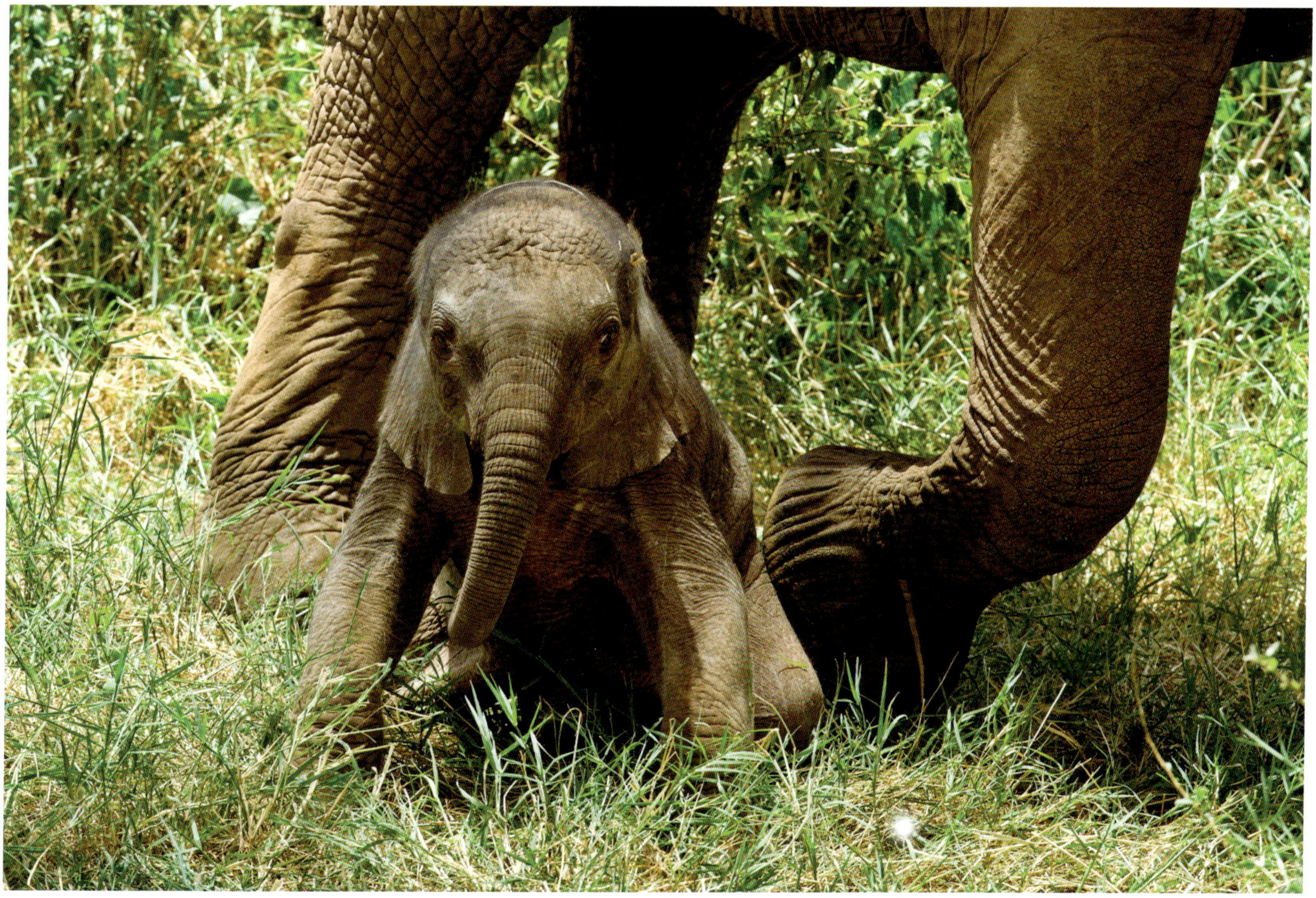

SICHER UND GESUND

Das Kalb steht ganz nah bei seiner Mutter und
es hat den Anschein, dass alles ruhig sei. Aber das
Kleine ist von einem Missklang aus Infraschall
umgeben, der aus der Herde stammt.

EIN HAUCH VON GEFAHR

Ein paar verspielte Kälber halten beim Herumtollen
inne, um eine mögliche Bedrohung zu erschnüffeln.
Sie müssen immer wissen, was um sie herum vor-
geht, auch und gerade wenn sie so viel Spaß haben.

DÜRRERISIKO

Dieses Elefantenkalb strotzt vor Energie, während es durch den Staub stürmt. Aber wenn die Dürreperiode anhält, wird seine Mutter nicht genug Essen finden, das sie braucht, um für ihre Jungen Milch zu produzieren. Dann wird es höchstwahrscheinlich hungern müssen.

WER KOMMT DENN DA?

Ohne die hohen Gräser, die seine Größe relativieren, könnte dieser Elefant wie eine riesige Matriarchin oder ein Bulle aussehen, der sich auf einem Waldweg nähert. Die Zukunft dieses Afrikanischen Buschelefanten und seiner Art ist jedoch durch Wilderei, Verlust des Lebensraums und Klimawandel bedroht. Aber wenn irgendjemand dennoch durchhalten kann, dann sind es diese unglaublich robusten, superschlauen und einfühlsamen Elefanten.

Erstveröffentlichung unter dem Titel:
„Elephants"
© Amber Books Ltd, 2020

Genehmigte Lizenzausgabe
NEUER KAISER VERLAG GmbH
Industriestraße 19
64407 Fränkisch-Crumbach 2021
www.neuer-kaiser-verlag.de

Projektleitung: Sarah Uttridge
Design: Jerry Williams
Bildrecherche: Terry Forshaw

Übersetzung: design cat GmbH
Layout, Satz und Umschlaggestaltung:
design cat GmbH

ISBN 978-3-8468-3004-8